故事就是历史

游戏的故事

牛建军 ◎ 编著

中州古籍出版社

图书在版编目(CIP)数据

游戏的故事 / 牛建军编著. -- 郑州：中州古籍出版社，2014.1
（故事就是历史）
ISBN 978-7-5348-4228-3

Ⅰ.①游… Ⅱ.①牛… Ⅲ.①游戏—历史—中国—青年读物②游戏—历史—中国—少年读物 Ⅳ.①G898.092-49

中国版本图书馆 CIP 数据核字（2013）第 075948 号

出版社：中州古籍出版社
（地址：郑州市经五路 66 号　邮政编码：450002）
发行单位：新华书店
承印单位：永清县晔盛亚胶印有限公司
开本：787mm×1092mm　　1/16　　　印张：14
字数：156 千字
版次：2014 年 1 月第 1 版　　印次：2014 年 1 月第 1 次印刷

定价：28.00 元

本书如有印装质量问题，由承印厂负责调换。

目 录

◎ **前言**

◎ **斗鸡**

斗鸡的历史 ……………………… 1
周宣王训练斗鸡 ………………… 3
刘询志同斗鸡娶老婆 …………… 5

◎ **蹴鞠**

蹴鞠的历史 ……………………… 8
球迷皇上与球迷太上皇 ………… 12
霍去病困境蹴鞠吓匈奴 ………… 15
唐僖宗蹴鞠择官与落第 ………… 18

◎ **斗蟋蟀**

斗蟋蟀的历史 …………………… 21
蟋蟀宰相魂归茅厕 ……………… 25
因斗蟋蟀皇帝丧命 ……………… 29

◎ **陆博**

陆博的历史 ……………………… 33
陆博引起"七国之乱" …………… 35
汉宣帝用官职还赌债 …………… 38
陆博引起的灭国之祸 …………… 42

◎ **马球**

马球的历史 ……………………… 45

大唐与西域马球决斗 ………… 47
马球场趁机惩处叛徒 ………… 49
因马球而丧命的皇帝 ………… 52

◎ 摔跤

摔跤的历史 ……………… 55
汉武帝用摔跤手做保镖 ……… 58
唐庄宗摔跤兑现封官职 ……… 61
摔跤小子智擒逆贼鳌拜 ……… 63

◎ 象棋

象棋的历史 ……………… 65
朱元璋与橘梅的由来 ………… 68
梁武帝入迷误杀棋友 ………… 74

◎ 投壶

投壶的历史 ……………… 76
汉武帝用投壶进行赌博 ……… 79
竟陵王上朝迟到的理由 ……… 81

◎ 骑射

骑射的历史 ……………… 84
赵武灵王的胡服骑射 ………… 87
子濯孺未引弓活命归 ………… 89
世界最早奖杯的诞生 ………… 91

◎ 樗蒲

樗蒲的历史 ……………… 93
樗蒲场上识辨人心 …………… 95
樗蒲千金换得忠心 …………… 97
樗蒲徒著血书警世 …………… 98

◎ 水嬉

水嬉的历史 …………………… 100
齐国水军迫退越国军 ………… 103
岳苏两城的解围之谜 ………… 106

◎ 冰嬉

冰嬉的历史 …………………… 109
冰上军日行千里来解围 ……… 112
清兵入关后冰嬉的延续 ……… 115

◎ 射覆

射覆的历史 …………………… 118
东方朔射覆击败郭舍人 ……… 120
千古绝唱的绝妙好辞 ………… 123

◎ 拔河

拔河的历史 …………………… 124
钩强使吴进退两难 …………… 127
唐玄宗千人拔河赛 …………… 130

◎ 放风筝

放风筝的历史 ………………… 132
韩信巧用风筝来解围 ………… 134
梁武帝用风筝传诏书 ………… 137
张丕巧借风筝来呼救 ………… 139

◎ 举重

举重的历史 …………………… 141
叔梁纥奋力一举救千军 ……… 144
秦国大力士孟说之死 ………… 146

◎ 田径

田径的历史 …………… 148
吴王偷鸡不成反蚀把米 ……… 151
秦国投石军击败楚国军 ……… 153
杨大眼成功圆了将军梦 ……… 155

◎ 叶子戏

叶子戏的历史 …………… 156
韩信用树叶让将士开心 ……… 159
痴迷叶子戏误揍新朋友 ……… 161
雍正袖藏纸牌戏识君子 ……… 164

◎ 百戏

百戏的历史 …………… 167
孟尝君死里逃生的法宝 ……… 170
汉武帝以百戏炫耀国威 ……… 172
轻薄刺史故意捉弄乐人 ……… 173

◎ 驯养

驯养的历史 …………… 175
蒙死在唐太宗怀中的鹞 ……… 178
一条狗救了宋仁宗的命 ……… 181
杨玮诤言相劝触怒武宗 ……… 183

前　言

说起"游戏"二字，也许有人很快便想到了现在的游戏娱乐活动，但是在古代，游戏最初就是人类为了生存本能的一种运动。如为了获得食物，就得去骑射；为了活命，必须得奔跑（田径运动项目之一就是跑）；为了争夺仅有的少量食物就得争抢（因此蹴鞠、拔河等这些活动的雏形就出现）……

后来，随着社会的发展，这些为了生存而产生的运动项目，逐渐成了种族、部落展示个人魅力或者选举首领的必要条件。后来随着人类的进步，首领展示的"活动项目"，普及到每个人，甚至成为人们劳作之后休闲的一种方式。也就是当人们不需要再去骑射，而是用其他方式代替了骑射的时候，那么骑射就逐渐成了一种"游戏"。如现在人类社会不需要再用射箭获得食物，那么射箭就成了现在的娱乐游戏。或者这些"游戏"成为防御敌人、进攻他人的有力方式。

人类社会在发展，游戏也在改进，向更加有趣、更加娱乐、更加有助于人类素质的提高发展。而且游戏的名字随着人类历史的进步也在发生变化，如古代叫蹴鞠，现在叫足球；古代叫角抵，现在叫摔跤；古代叫翘关、扛鼎、举石等，现在都叫举重……

这些游戏，往往首先从民间传到皇宫，然后在高层阶级将这些游戏升华，使得这些游戏更加好玩，甚至成为权力地位的标志，更是国家对外展示实力、威慑其他国家的砝码。甚至有的人为了"游戏"或丢官，或被砍头，或被马匹踩死，或兄弟互相残杀，或国家之间战争不断，等等，使得本来娱乐的游戏变得有些血腥味了。比如，就斗鸡来说，起初可能仅仅是民间人看到两只公鸡在打架觉得有意思，就拿着自己家的鸡去与他人家的鸡斗着玩，后来也许是某个官员看到了，为了讨好皇上，便将斗鸡引进皇宫，于是皇宫便出现了日夜闻到"斗鸡声"的壮观场面，便出现了"周宣王斗鸡"的故事，另外还出现了"斗鸡皇帝"，等等。那么谁是"斗鸡皇帝"，"斗鸡皇帝"的由来是什么呢？

中国古代皇宫还流行斗蟋蟀，于是便出现了著名的两位人物，即历史上的"蟋蟀皇帝"和"蟋蟀宰相"，他们究竟是何许人呢？

"七国之乱"到底与陆博有怎样的关系呢？

唐朝哪些皇帝因为马球而丧命于马蹄下呢？

……

这就需要我们剖析游戏中的历史。

斗鸡

斗鸡的历史

我国的斗鸡活动历史悠久,最早起于夏朝,到了春秋时期已相当流行。关于斗鸡的记载,早期可见于《战国策·齐策》《左传》《史记》等书。公元前679年,齐桓公以宋国违背"北杏之会"盟约为由,率诸侯国讨伐,取胜后筑高台以斗鸡庆祝胜利,是关于斗鸡的较早文字记载。

两汉时期,有关斗鸡的史事记载和诗赋歌咏,不绝于书。汉代王孙公子、富家子弟斗鸡走狗,成为一种社会风气,曾有三代帝王都喜欢养斗鸡。

到了南北朝时期,南齐郁林王喜好斗鸡,花数千倍价钱购买斗鸡。北齐幼主高恒擅长斗鸡走狗,还给斗鸡"封官赐爵"。

唐代是饲养斗鸡的鼎盛时期,"斗鸡皇帝"唐玄宗专门成立"皇家鸡

汉代斗鸡画像砖

坊"，每到节庆时，总要展示皇家斗鸡。有个酷爱玩斗鸡的小孩儿叫贾昌，深得唐玄宗赏识，被任命为"衣食龙武军"，召入宫中专职驯鸡，派五百小儿听他差遣，"金帛之赐，日到其家"。对这一斗鸡盛况，陈鸿在《东城父老传》里有纪实性的描述："上之好之，民风尤甚。诸王世家、外戚家、侯家，倾帑破产市鸡，以偿鸡值。都中男女以弄鸡为事，贫者弄假鸡。"

宋明的斗鸡活动也不比盛唐差多少，尤以洛阳、东京（开封）的斗鸡活动最为流行，乐此不疲者在宫廷、民间皆有。南宋时有人在临安的园林蒋苑中，专设斗鸡项目。而且，宋代对于斗鸡制胜之道的研究尤胜于昔。南宋周去非《岭外代答》有斗鸡专篇，对斗鸡之选种和培训有详细记载。明代时，有些地方的斗鸡徒还成立了社团，切磋交流斗鸡之培育和训练的经验。

历代文人骚客中也有不少斗鸡爱好者，他们不仅养鸡斗鸡，而且还写了许多关于斗鸡的华丽诗篇，如三国曹植的《斗鸡篇》、刘桢的《斗鸡诗》，唐朝杜淹的《咏寒食斗鸡应秦王教》、韩愈的《斗鸡联句》、韩偓的《观斗鸡偶作》，明朝臧懋盾的《咏寒食斗鸡》，清朝李声振的《斗鸡》等都是名篇。

历代画家也不甘寂寞，唐朝的阎立德、南唐的梅行思、明朝的文征明都画过不少斗鸡画，敦煌壁画上也出现多幅斗鸡画面。

古代斗鸡常被用作赌博，斗鸡赌徒们为了取胜，想尽了一切办法。一是选择培育良种，如东周时的"羊沟巨鸡"、南北朝时的"寿光鸡"，皆以身高爪利、性猛善击而冠绝一时。二是注重对斗鸡的训练，《庄子·达生篇》中记载，驯鸡至"呆若木鸡"的境界，就是极生动的写照。三是借助装备和药物刺激，如《左传》记鲁国季氏斗鸡为了取胜，给鸡距装上金属尖距，使其更有攻击性；在鸡翼上撒芥粉，使对手因迷痛而无心恋战。东汉时，又有在鸡头上抹狐狸油的办法，令对手闻其味而逃避，这些外力助斗技术，多为后世沿袭。

周宣王训练斗鸡

春秋战国时期，周宣王十分喜欢斗鸡，专门请来斗鸡高手纪渻子为自己训练斗鸡。

纪渻子有一套独特的训练理论，他认为比赛用的鸡必须完全去掉虚骄和意气，对其他鸡应视而不见，看起来应像木鸡一样静寂、淡漠，这样才算是德性完美。如此毫无好胜之心的鸡，才能够无所不胜。

这日，周宣王召见纪渻子，问斗鸡训练得怎么样了。原来，早在数月前周宣王就交给纪渻子一个任务——训练一只能够战无不胜的斗鸡。纪渻子信心十足地向周宣王保证一定能够训练出完美的斗鸡。

但让周宣王想不到的是，纪渻子说还没有训练好。说这只斗鸡近期表现为内心空虚而神态高傲，模样盛气凌人。周宣王知道这是浮躁的表现，这样的斗鸡上了场只能是惨败而归。周宣王只好继续等待。

周宣王度日如年，又过了十天，实在熬不住了，便召见纪渻子进宫。

纪渻子不紧不慢地答道："还需要时日。眼下斗鸡一看见别的鸡，或听到别的鸡叫，就跃跃欲试。"他劝周宣王再等段时间，如果急于求成，便会前功尽弃。

周宣王无奈，只得继续等待。这样又过了10天，纪渻子还是没有来。周宣王怒不可遏，纪渻子是不是在故意拖延时日，他根本就训练不出优秀的斗鸡来，周宣王越想越气，于是命人将纪渻子抓来。

纪渻子禀告道："还不行，目前斗鸡心神还相当活跃，火气还没有消退。"周宣王大怒，这样拖延要等到什么时候，说着命人将纪渻子推出去斩了。纪渻子毫无畏惧之色，大义凛然，并再次声明他要训练的是战无不胜的斗鸡，绝非普通的斗鸡所能相比。

周宣王听纪渻子如此回答，认为纪渻子是个诚实而又勇敢的人，遂收回成令，放了纪渻子，并告诉他，回去好好驯养斗鸡，希望能够早日让斗鸡进行决斗，不过有什么情况随时向他汇报，不得隐瞒。

纪渻子走后，周宣王在期盼中又苦苦地熬了十天。十天之后，周宣王等不及纪渻子进宫汇报训练情况，就带领一班随从径直到驯养场。此次周宣王心里已经做好了打算，如果纪渻子再不交驯养好的斗鸡，就是脑袋落地，他自己再也没有耐心等下去了。

可是当周宣王一进入鸡场，纪渻子就赶紧迎上来，跪奏道："斗鸡已经差不多了。"

周宣王心中一喜便问："你的意思是斗鸡可以决斗了？"

"完全可以。"纪渻子肯定地回答。现今斗鸡虽遇挑战者向它鸣叫，仍神色自若，视而不见，毫无反应，看上去像一只木鸡。

周宣王顿时转怒为喜，在纪渻子的带领下亲自去看斗鸡，只见它昂首挺胸，精神专注，一动不动，犹如一尊雕塑。

周宣王连连叫绝："好鸡！好鸡！"喜不自胜。赶紧令人把挑战鸡引到斗鸡面前，这些鸡一看见纪渻子驯养的斗鸡望而却步，腿都吓软了，转身便逃。胆大的与它斗不了几个回合，便纷纷狼狈逃窜。

周宣王心中的怒气顿时云消雾散，对纪渻子赞不绝口，立刻命令人送纪渻子黄金百两、绸缎百匹，以示对纪渻子的奖励。纪渻子磕头感谢周宣王，站起来不由得长长地舒了口气，拭了拭头上渗出的冷汗。

从此，纪渻子为周宣王训练了许多战无不胜的斗鸡，周宣王整日沉迷在斗鸡之中，不理朝政，使得自己的江山摇摇欲坠。

刘询志同斗鸡娶老婆

汉宣帝刘询的前任皇后在后宫明争暗斗中离开了人世，这让刘询非常伤心。可是伤心之余，皇宫还是需要皇后啊，于是新的皇后人选将花落谁家呢？这一话题成为后宫以及大臣私下议论的焦点。

虽然刘询的后宫佳丽三千，得宠生子的也为数不少，如张婕妤、华婕妤和卫婕妤等，她们为刘询生下了淮阳王刘钦、东平王刘宇、定陶王刘嚣等儿子。可是这些妃子为了能够让自己的儿子坐上皇帝的宝座，互相争斗不休，使得后宫整日不得安宁。刘询从先前后宫的争斗中吸取了教训，他选了一个谁也想不到的人物。这个人就是王氏。

王氏是何许人也？她凭什么能够坐上皇后的宝座呢？这还得从她的父亲王奉光说起。

原来，王氏的父亲，就是当年刘询在民间生活时所认识的斗鸡翁王奉光。因为他与刘询有同样的斗鸡嗜好，所以他们很快成为忘年之交。据说王奉光的祖先在汉高祖时期曾经做过关内侯，但是到王奉光的时候，王家的地位却走了下坡路，已经是马尾拴豆腐——提不起了。

是不是王奉光家庭败落，攀高枝将自己的女儿顺手介绍给了忘年交刘询呢？

其实，王氏的人生很坎坷，坎坷到了什么程度呢？那就是未婚丧夫。每当王氏定下婚期准备出嫁的时候，未婚夫就会死掉。如果这样

汉武帝观看斗鸡图

的事情发生一次两次那算是偶然，可是却在王氏的身上发生了好几次。这不能再按照偶然来说了，只能扣上"克夫"的罪名。从此以后，人们达到了"谈王氏色变"的地步，吓得再也没有人敢娶她回家了。王氏自叹命苦，做父亲的王奉光更是愁得不行，但是又没有办法，总不能将女儿背出去扔掉吧，或者是强行嫁给谁吧！无奈之余只好打算将女儿在家养活一辈子。

王奉光为女儿而伤透脑筋的事情，刘询早在民间时就已经很了解。因此，当他成为皇帝之后，为了解决自己忘年交的烦恼便下了一道旨意，召王奉光的女儿入宫为婕妤。王奉光一听能不答应吗？反正自己的女儿是嫁不出去了，在宫外守活寡不如到宫里来守，好歹还能给家里人长点脸，成了皇亲国戚。

于是，在民间以克夫闻名的王氏，就这样稀里糊涂地嫁给了刘询。

王氏进宫之后，在宫中并不得宠，你想想刘询娶王氏只不过是顺水情，并不是真正地爱王氏，能够对她怎么样呢？所以刘询对王氏也很少问津，再加上王氏入宫多年，从来也没有生育过孩子，可想而知王氏在宫中的地位有多差。

但是王氏并没有抱怨，她知道刘询能够娶自己是天下不幸中的大幸了，最少他没有嫌弃自己，给了自己一个名分，这些对王氏来说已经足够了。

因此，王氏不用为后宫的争斗陷入泥潭，踏踏实实做自己的婕妤。也许王氏的老实巴交与后宫其他妃子的争斗形成了鲜明的对比吧，对于厌烦了后宫争斗的刘询来说，王氏不就是"最佳皇后人选"吗？

于是，在公元前64年，王氏稀里糊涂地成为汉宣帝刘询的第三任，也是最后一任皇后。

不过，当上了皇后的王氏，过的日子与从前并没有太大的不同。虽然她的物质享受和身份地位都有了极大的提高，但是刘询对她的夫妻情分，却是不进反退——因为刘询不愿意让嫡后拥有自己的儿子而重演后宫争斗的故技。因此，王氏虽然名为皇后，刘询却很少见她，更是从不光顾她的寝宫。

王氏依然寂寞，她把所有的精力和爱都给了刘询的儿子刘奭，对他全心全意地爱护养育，使得本来不是亲母子的王氏和刘奭结下了比亲母子还亲的亲情。虽然刘询没有对王氏尽到一个做丈夫的义务，但还是尽可能地用其他的方法来补偿。当年那个斗鸡翁的王奉光，也因此托了女儿的福，被封为邛成侯。

又过了十六年，刘询去世了。刘奭即位，即为汉元帝。

汉元帝刚一登基，便尊养母王氏为皇太后，并且封养母的兄长王舜为安平侯。这与当年王氏对刘奭胜似亲母般的关心和养育是分不开的。

两年后，王奉光去世。汉元帝对这位外祖父表现出了极大的孝心，追谥为共侯，安葬在长门南，并且专置园邑二百家为他守陵。

刘奭为帝十五年后去世，即位的是刘奭的长子刘骜。刘骜的生母也姓王，为了将两位王太后区别开，人们尊称王氏为"邛成太后"。

刘骜对这位王氏奶奶倒是十分尽心，特别加封王氏的弟弟王骏为关内侯，大舅爷王舜之子王章、侄儿王咸，都做到了左右将军（国家武装部队副司令）的高官。

永始元年（前16年），邛成王太后以七十多岁的高龄去世。

虽然她生前没有得到刘询的宠爱，但是因为她对刘奭、刘骜的慈爱，在她死后，刘骜将她合葬在了汉宣帝刘询的杜陵里。王氏的一生，寂寞的时候居多。但幸运的是她没有被卷入后宫争斗之中，所以比较之下，这位克夫且一生不育的王氏，竟能成为皇后、皇太后、太皇太后，并以"古来稀"的高龄安享天年，实在是中国后妃群中幸运到了极点的女人。

蹴鞠

蹴鞠的历史

蹴鞠是我国最古老的运动项目之一。它最早记录在《史记》和《战国策》中。《史记》和《战国策》的记载表明，在当时的齐国故都临淄，蹴鞠已发展成一种成熟的取乐方式，而且在民间广为盛行。齐宣王于公元前319年到公元前301年在位，由此可以断定，在距今二千三百多年前或更早的一段历史时期，在齐国故都临淄城蹴鞠活动就已广泛开展。

秦统一六国后，蹴鞠运动一度沉寂。西汉建立后，又复兴盛。汉朝人把蹴鞠视为"治国习武"之道，不仅在军队中广泛展开，而且在宫廷贵族中普遍流行。《西京杂记》上就记载，刘邦在位时曾经将自己的父亲接进皇宫，为了排遣宫中枯燥的日子，便组建了蹴鞠队伍整日陪着老爷子玩乐。

可见在战国时期，蹴鞠是城市下层人民喜爱的娱乐活动，到西汉初年，蹴鞠也得到贵族阶级的喜爱。桓宽在《盐铁论》中说，西汉社会承平日久，"贵人之家，蹴鞠斗鸡"为乐，一般的人们也是在"康庄驰逐，穷巷蹴鞠"。

由于蹴鞠运动的兴盛，汉代还出现了研究这项运动的专著，曾有人写了一部《蹴鞠二十五篇》，这是我国最早的一部体育专业书籍，也是世界上的第一部体育专业书籍。班固在写《汉书·艺文志》时，把《蹴鞠二十五篇》列为兵书，属于军事训练的兵法技巧类，可惜后来失传了。

　　西汉时期的项处是第一个因蹴鞠而名垂史册的人，不过也成了史册中最不幸的"球迷"。《史记·扁鹊仓公列传》记载，名医淳于意为项处看病，叮嘱他不要过度劳累，但项处不听，仍外出踢球，结果呕血身亡，这也使得项处成了世界上第一个有史可查的狂热"球迷"。

　　唐代在制球工艺上有两大改进：一是把用两片皮合成的球壳改为用八片尖皮缝成圆形的球壳，球的形状更圆了。二是把球壳内塞毛发改为放一个动物尿泡，"嘘气闭而吹之"，成为充气的球，这在世界上也是第一次。

　　唐代的球体轻了，可以踢得更高。球门就设在两根三丈高的竹竿上，称为"络网为门以度球"。在踢球方法上，汉代是直接对抗分队比赛，"僻脱承便，盖象兵戍"。双方队员身体接触就像打仗一样。唐代分队比赛，已不是直接对抗，而是中间隔着球门，双方各在一侧，以射门"数多者胜"。间接对抗，从蹴鞠技术来说，是一种发展；从体力训练来说，却是蹴鞠运动的一个退步。

　　由于球体轻了，又无激烈的奔跑和争夺，唐代开始有了女子蹴鞠。女子蹴鞠的踢法是不用球门的，以踢高、踢出花样为能事，称为"白打"。唐太宗、唐玄宗都爱看蹴鞠，当时球门是"树两修竹，络网于上，以门为度球，球又分左右朋，以角胜负"。唐代不仅有了女子蹴鞠，而且有的女子踢球技术还很高超。

　　蹴鞠在宋代获得了极大的发展。施耐庵的《水浒全传》中，写了一个由踢球发迹当了太尉的高俅。高俅球技高超，因陪侍宋徽宗踢球，被提拔当了殿前都指挥使，这算提上是最早的著名球星了。

高俅因踢球而发迹，告诉了我们这样两件事：一是宋代的皇帝和官僚贵族是喜爱踢球的，有些人爱踢球，有些人爱看踢球。宋徽宗赵佶是个蹴鞠迷，他看了宫女踢足球后写诗道："韶光婉媚属清明，敞宴斯辰到穆清。近密被宣争蹴鞠，两朋庭际再输赢。"

宋代还出现了专门靠踢球技艺维持生活的足球艺人。据记载，北宋东京城和南宋临安城，在皇宫宴会上表演踢球的名手，就有苏述、孟宣、张俊、李正等；在市井瓦子里的踢球艺人，有黄如意、范老儿、小孙、张明、蔡润等。

宋代的蹴鞠和唐代的踢法一样，有用球门的间接比赛和不用球门的"白打"，但书上讲的大多都是"白打"踢法。所谓"脚头十万踢，解数百千般"，就是指踢球花样动作和由几个花样组成的成套动作，指用头、肩、背、胸、膝、腿、脚等一套完整的踢技，使"球终日不坠"。由此看来，宋代的蹴鞠，由射门比准已向灵巧和控制球技术方面发展。

宋代制球工艺比唐代又有所提高，球壳从八片尖皮发展为"十二片香皮砌成"，原料是"熟硝黄革，实料轻裁"，工艺是"密砌缝成，不露线角"。做成的球重量要"正重十二两"，规格要"碎凑十分圆"。这样做成的球质量很高。当时手工业作坊制作的球，已有四十个不同的品种，每个品种各有自己的优缺点。制球工艺的改进，促进了踢球技术的发展，而制球手工业的发展又反映了社会需要量的增加。

为了维护自身利益，至少在南宋时期，宋代的踢球艺人还组织了自己的团体，叫作"齐云社"，又称"圆社"。这是专门的蹴鞠组织，专事负责蹴鞠活动的比赛组织和宣传推广，也是我国最早的单项运动协会，类似于今天的足球俱乐部。也可以说，它是世界上最早的足球俱乐部。

到了元代，关汉卿等人的散曲中记述了男女蹴鞠的情景。但这种男女对踢，已不是双方寻求自身的娱乐，而是以妇女踢球作为一种技艺供他人欣赏。萨都剌《妓女蹴鞠》散曲中说："毕罢了歌舞花前宴，习学成齐云天下圆。"可见踢球和歌舞一样，都是宴会上的技艺。"占场儿陪伴了英豪"的妇女，大都是"谢馆秦楼""鸣珂巷里"的"绝色婵娟"，可见踢球成了妓女娱客的手段。踢球娱乐的社会性已大大缩小，它不再是节日的活动内容，也不再是宴会上的节目，而是和放荡行为相联系的娱乐。

《明史》记载，拥兵三吴、称兵割据的吴王张士诚的弟弟张士信，"每出师，不问军事，辄携樗蒲（一种赌具）、蹴鞠，拥妇女酣宴"。可见踢球已和淫乐连在一起。所以，朱元璋称帝之后，传下圣旨，严厉禁止军人蹴鞠。朱元璋只能禁止军人蹴鞠，但并不能改变蹴鞠的娱乐性质。

到了清代，在史籍上有关足球活动的记载，就寥寥无几了。我国古代的蹴鞠活动，自战国起经历了几千年，在汉、唐、宋时期曾经像彗星一样，发出闪亮的光辉；后来投入清代社会的水中，只留下一点泡沫，终于没落了。

球迷皇上与球迷太上皇

　　汉高帝刘邦登上皇上的宝座之后，为了孝敬自己年迈的父亲刘太公，让其享受享受清福，将他从乡下老家接到了长安皇宫。刘太公整天衣食无忧，一日三餐山珍海味，还有前呼后拥的仆人照顾着。刘邦本来想父亲受苦大半辈子这回享受清福肯定开心得很，可是事情却偏偏与刘邦想象的相反。刘太公整天闷闷不乐，而且一向脾气和蔼的他动不动就对周围以及儿子刘邦莫名其妙地发火，刘邦想问其究竟，可是他总是闭口不答。这可急坏了孝顺的刘邦，自己打听原因父亲又不说，怎么办呢？刘邦这天突然想到了一个办法。

　　于是，刘邦将一位大臣叫到身边说，让他以后不要再上朝了。

　　大臣一听吓了一跳，以为自己被革职了，赶紧跪下请求皇上赎罪。

　　刘邦笑着解释，便将自己的老父亲整日闷闷不乐，问其原因老父亲又不肯说的事情告诉了这位大臣，于是想派他暗中去打探其中原因，好对症下药。

　　大臣恍然大悟，赶紧磕头谢皇上，直奔刘太公的寝宫。

　　虽然这位老臣与刘太公年纪一般大小，可是对于突然到来的这位老人，让一直住在乡下的刘太公还是有些提防，不过在慢慢的交流中，刘太公的警惕慢慢松懈了。

　　这日，大臣问刘太公："您的儿子已经是皇上了，拥有至高无上的权力，您吃得好住得好，还有什么不满足的啊！人老了就得学会满足啊！"

　　刘太公长叹一口气说："你我都是上年纪的人了，人老了，不仅仅要的是衣食上面的照顾，更重要的是儿女能够陪伴左右，可是他整日忙碌朝政，我连个说话的人都没有。身边的这些人由于我的身份而不敢和我说话，还有过去我的生活他们都是没有办法体会的,就是给他们说了,他们也不能够理解啊!"

大臣眉头紧皱着点了点头,这样的体会他何尝没有呢!可是现在既然做了大臣,就得全心全意为国家效力,儿女私情就不得不放在一边。可是毕竟自己已经老了,也需要身边有亲人的照顾啊!

刘太公看到面前的这位大臣听得很仔细便有些激动,因为他进宫这么长时间从来没有一个人如此认真地听过他说这些肺腑之言,憋屈得自己难受啊!见到现在有人听便像打开了话匣子似的滔滔不绝,刘太公说到激动的地方不由得抓住大臣的手说:"你知道吗?我在乡下的时候,日子虽然过得很苦,但我非常开心,没有事的时候,我就与张牛贩子、李屠夫一帮人一起踢球,那可开心啦!我最喜欢踢球了,可是到了这里,谁都不认识,一下子连个说话的人都没有,到处是规矩,闷得慌啊,哎!"

刘太公的一声长叹,大臣连连点头,他从刘太公乐滋滋的回味中,体会到了他在乡下的那种幸福生活。大臣安慰了刘太公几句,匆匆向泰和宫走去。

大臣向刘邦跪奏道:"老臣已经打听到了太上皇老人家闷闷不乐的原因了!"

刘邦心中一悦,赶紧问:"快说!快说!什么原因?"

当大臣将刘太公的原话几乎一字不差地复述给刘邦时,刘邦才恍然大悟。他很痛心自己这个儿子没有当好,没有能够理解父亲的心情,使得父亲过得不开心。

壁画上的蹴鞠图

刘邦听完大臣的禀报，沉思了一会儿说："爱卿听旨！"

大臣跪下接旨。

刘邦说："从今天开始，半月之内，在宫苑里给我建一座最大的蹴鞠场。如果建造不成，拿你的脑袋是问。"

大臣领旨之后，便加紧了蹴鞠场的修建。不到半个月，蹴鞠场就顺利完工了。

刘邦从宫中、军队中挑选了一些人，还从老家的乡下请了一些人进宫参加蹴鞠比赛，当然也将刘太公带来了。起初，刘太公只是在一旁看，满脸的喜悦，但很快他加入到了蹴鞠的比赛中。别看刘太公年纪大，可是蹴鞠一点都不比年轻人差。

从那以后，刘太公再也不闷闷不乐了。刘邦为了有尽可能多的时间陪在父亲身边，逐渐也加入到了蹴鞠的行列。

其实，在未登基之前，刘邦在乡下就是一名蹴鞠的好手，可是自从登基之后碍于皇帝身份，很少再玩蹴鞠这种游戏。这次能够重新蹴鞠，一方面是为了能够多陪陪父亲，另一方面看着别人蹴鞠时的乐趣，也激发了他的蹴鞠兴趣。

后来随着发展，蹴鞠不仅成了宫廷的游戏，而且也成了士兵们的军事必修课。据说，后来刘邦在领兵打仗的过程中俘虏了一个胡人，这个胡人的蹴鞠本领当高。于是刘邦便将他留在军队中专门教士兵们蹴鞠。这个胡人也因此成为中国足球史上最早的外籍球员和教练。

霍去病困境蹴鞠吓匈奴

汉武帝时期，因为蹴鞠具有极大的军事训练价值，因而受到统治者的高度重视，被列入军事检阅的项目，是立秋日军队大阅兵的主要内容之一。因此，蹴鞠在军队训练中广泛开展，而且效果很好。

青年英雄霍去病就是一个喜欢蹴鞠的将军，他出身贫苦，母亲卫少是平阳公主家的家伎，没有结婚的权利，却与平阳县吏霍仲儒私通生下了霍去病。

霍去病因为缺少父亲的管教，少年的时候就游手好闲，整日沉浸于街上的游戏生活之中，练就了健壮的身躯和勇敢无畏的精神。直到十五六岁，他的小姨娘卫子夫被选入皇宫成为汉武帝的皇后，霍去病才被挑选当上了宫中侍卫。

就在霍去病十八岁那年，匈奴不断来犯。汉武帝派霍去病的舅舅卫青前去守卫边疆。卫青在出发前征兵，那个时候征兵的主要标准之一，就是蹴鞠的技术要相当的好。霍去病从小就在蹴鞠圈里长大，蹴鞠的技术自然不差，很快成为卫青手下的票姚校尉，率领八百名轻骑兵勇士脱离大主力军几百里，深入到匈奴军的后方，俘虏敌人两千余人，这是汉代对匈奴军作战第一次成功的反击战。

其后，霍去病三次率领汉军攻入祁连山的匈奴王庭，大获全胜，被汉武帝封为冠军侯骠骑大将军。

然而，事情并不是处处顺心如意。有一次，霍去病带领着军队去攻击匈奴，可是进入一片大沙漠的时候，突然刮起了狂风，飞沙走石，遮天蔽日，顿时整个军队被沙尘吞没，士兵和马匹都乱成了一团。

数个时辰之后风停了，可是士兵和马匹的身体上全部落满了沙子。这场风给汉军带来前所未有的困难，首先就是迷失了方向，还有就是水和粮草也面临着断绝。

霍去病仔细观察了一下周围广袤无垠的沙漠，没有任何可以指明道路的东西，所有的士兵都沉默地看着他。

霍去病牙一咬说："跟我走！"

他在前面带路，就连他也不知道这是不是通向生命的绿色通道，但是现在前进总比停在这里等死好。

经过这场风暴的侵袭，士兵们前进速度明显慢了很多，虽然霍去病在与匈奴的战斗中不断地获得胜利，但是这次的挫败，对士兵的打击太大了，甚至比打了败仗还严重，再加上士兵常年在外作战，尤其在困难的时候思念家乡亲人的感情愈加强烈。霍去病不断地鼓励着士兵，可是行军的速度并没有提高。

走了一天之后，依然没有走出沙漠，为了鼓舞士气，霍去病决定就地休息，明天再走。

有的士兵一听休息腿一软倒在地上，就不想再次爬起来。休息了一会儿，霍去病担心士兵们如果继续休息就再也站不起来了，于是，霍去病站起来大声对周围的士兵们说："我们来蹴鞠比赛，如果谁赢了比赛，我向皇上请示给他黄金百两，谁愿意参加？"

有些躺着不动的士兵支支吾吾地说："能不能走出这片沙漠还是个问题，还奢望黄金干什么？"

但也有积极的士兵站出来说："我参加！我参加！"

顿时，在大漠中一场盛大的"沙滩足球大赛"拉开了帷幕，霍去病亲自上阵参

刘太公蹴鞠图

加比赛，两边的助威队呐喊声在空旷的沙漠中回荡，士兵们忘记了疲惫都过来围观。

恰在此时，一支匈奴军队经过此处，听见沙漠中的呐喊助威声，赶紧派人跑过来察看，匈奴探子一看是汉军，他们没有丝毫的防备，而是在蹴鞠。

匈奴探子赶紧将这一情况告诉了自己的大将军。

有士兵建议，自己曾经与霍去病交过战，此人十分了得，现在正好趁他们毫无防备，我们过去将他们一网打尽。

有位参谋却反对这样盲目冒进："霍去病足智多谋，战无不胜，他在这里敢毫无防备地蹴鞠，其实他早有防备，这里只不过是个陷阱罢了，当我们靠近的时候，他们一定会出其不意地打击我们，我看我们还是趁早撤退吧！"

那位将军也知道霍去病的厉害，赶紧命令士兵掉转马头，扬尘而去。

霍去病看到此情大笑着说："跟着这些匈奴走，我们很快就会走出这片沙漠的。"

果真，霍去病沿着匈奴的方向走出了大漠。之后，霍去病赶紧调整军队，休息数日之后，向匈奴的营帐攻去，那些匈奴被打得措手不及，落荒而逃。

霍去病再次取得了抗击匈奴的胜利，应该说是蹴鞠救了汉军，如果就当时的情况来看，汉军被困沙漠数天，而且粮草几乎断绝，匈奴轻而易举就可以将汉军全部消灭，但是看到汉军毫无戒备地蹴鞠，再联想到汉军往日英勇善战的情况，谁都会认为那是一个圈套，所以傻子也不会自投罗网了，这一撤兵却救了汉军，不仅仅保全了汉军，而且为汉军指明了走出沙漠的道路。

唐僖宗蹴鞠择官与落第

唐咸通十四年（873年）七月，懿宗李漼病死，宦官田令孜等人为了把持朝政，赶紧拥立了懿宗的第五子、年仅十二岁的普王李儇即位，即为唐僖宗。当时还是小孩子的僖宗李儇，根本不懂得朝政是怎么回事。于是，在田令孜等人的诱导下，唐僖宗一味玩耍嬉乐，不知治理国家。

很快，唐僖宗充分发挥自己的特长，尤其在骑射、击剑、斗鸭方面取得了巨大的成绩，渐渐地皇宫无法满足他，于是他经常跑出皇宫，到诸王府或者兴庆池等处，跟诸王斗鹅。他对蹴鞠尤为爱好，乐此不疲，简直到了为球疯狂的地步，每天都要拉着大臣、太监去踢球。大臣、太监们和皇上踢球自然不敢太用力，所以唐僖宗每次踢球都英勇难挡，每场球赛都能踢进好多球，蹴鞠对他来说简直太容易了。

一日早朝，唐僖宗刚刚坐上龙椅，大臣陈敬暄、师立、牛勉、罗元果四人联名上奏说："蜀节度使已空缺多年，国一日不可无君，蜀也不可一日无节度使……"总之，这四位大臣强调了四川没有节度使的严重性，好像国家没有皇上一般。唐僖宗心里明白，这四人其实都很想成为四川的节度使，可是职位只有一个，况且这四个人都手握重权谁也不敢轻易得罪，稍微处理得不满意，可能会引起战乱。该让谁去做节度使呢？唐僖宗心里没有了主意。

唐僖宗沉思了好一会儿，突然想出了一个奇怪的办法：何不以蹴鞠的胜负来选取四川节度使

蹴鞠图

呢？这样选取节度使无论谁输谁赢，都不能怪自己，要怪只能怪他们自己球技不如人。

唐僖宗对四位大臣说："你们四位的意思朕明白，可是节度使职位只有一个，为了公正公平地在你们四人中选取节度使，你们四人进行一场蹴鞠大赛，谁赢了谁就去做这个节度使，爱卿们看怎么样啊？"

陈敬瑄、师立、牛勉、罗元果你看我我看你，其实他们四人的势力不分上下，如果让其中某一个人去做四川节度使，其他三人肯定不愿意。可是，他们一时也想不到更好的角逐出节度使职位的办法。同时，他们认为自己都是蹴鞠高手，所以每个人都觉得自己有胜算的把握。

于是，四人异口同声地表示同意唐僖宗的提议。

唐僖宗又说："这可是你们自己同意了的办法，我希望最后无论谁输了都不要怪我。"

这天，四位大臣的蹴鞠比赛开始了，锣鼓喧天，鞭炮齐鸣。唐僖宗早早坐在看台上观看四位大臣的蹴鞠比赛。那热闹场面，把唐僖宗看得热血沸腾，恨不得下去帮忙踢几脚。最终，陈敬瑄胜出，唐僖宗当场宣布他出任四川节度使。其他三人虽然心里不服气，也没有办法，毕竟自己的球技不如陈敬瑄，要怪只能怪自己了。

事后，唐僖宗越想越觉得这件事自己处理得很得当，一举两得，既选出了节度使，又没有得罪哪个大臣。

唐僖宗感觉前所未有的舒坦，哼着小曲来到了御花园，看到御花园场地宽阔，便吩咐身边的人在这里进行蹴鞠，自己为自己庆祝一番。于是，一群太监和优伶摩拳擦掌准备与唐僖宗蹴鞠。

唐僖宗当然是第一个出场，一会儿是"白打"，一会儿是"官场"，一会儿又是"趯鞠"，玩法多种多样。唐僖宗技艺高超，姿态优美，博得众人一阵阵喝彩叫好之声。

玩了一阵子，唐僖宗觉得有些疲乏，就走到一棵大树下歇息。他问跟在身边的一个名叫石野猪的伶：“依你看，我蹴鞠如何？”

石野猪照例称颂了一番。

唐僖宗有些飘飘然，忽发奇想，说道：“倘若开设'蹴鞠进士举'，朕去应考，必定会中状元！"

"那就要看是谁主持这个考试了。"石野猪点点头，又摇摇头，笑着说，"倘若是当今的礼部侍郎担任主考官，这状元嘛，自然是非陛下莫属；倘若是让尧、舜、禹、汤担任主考官呢，那么，陛下恐怕就要落第了！"

唐僖宗听了，"嘻嘻嘻"地笑了起来。

据说，后来唐僖宗果真设立了"蹴鞠进士举"，就是通过蹴鞠比赛，获胜者即可成为进士。而且他自己也参加了这场"蹴鞠进士举"，结果却落第了。这是这么回事呢？

原来，唐僖宗从小与皇宫的大臣比赛，大臣知道身边的人是皇上，谁敢与皇上抢东西啊？于是，大臣们都装作很认真的蹴鞠，实际上都让着唐僖宗，因此，唐僖宗每次都踢进去很多的球，他自己也自以为自己蹴鞠的本领很高，其实蹴鞠的水平差得很远。

而在这次"蹴鞠进士举"中，唐僖宗为了真正看自己的蹴鞠水平，而且能够保持公正公平，所以他选取的监考官都不认识他，所以也就无所谓"熟人分数"，其他的对手自然是全国各地来的考生，也就更不认识他了，在球场上也不顾忌身边的人是谁，能够踢进球才是最关键的，所以"考生"奋力与"皇上"抢球。唐僖宗在这场公正的蹴鞠角逐中能不失败吗？

斗蟋蟀

斗蟋蟀的历史

说起中国的蟋蟀文化，可谓历史悠久，源远流长，而且是具有浓厚东方色彩的中国特有的文化生活，主要发源于中国长江流域与黄河流域的中下游。

斗蟋蟀在各种斗戏中兴起为晚，而其于东方文化之影响却最大、最普遍。乃至古代有"蟋蟀宰相""蟋蟀皇帝"，而今又有"蟋蟀协会"，成为古往今来，从宫廷到民间，千百万人所雅好的游艺活动之一。此种活动，究竟始于何时呢？

蟋蟀，引起古人的注意和观察是很早的。在两千五百年前经的《诗经》中，就有《蟋蟀》之篇。人们已观察到秋季转凉、蟋蟀入堂的规律，留下了"蟋蟀在堂""十月蟋蟀入我床下"之类的诗句。汉初成书的《尔雅》，释"蟋蟀"为"蛬"，亦写作"蛩"，音琼。蛩，指蝗虫一类的昆虫。蟋蟀似蝗而小，汉魏人又细分之，称之为"吟蛩"，即善于吟叫的小蝗虫。魏晋时代，则常称之为"促织"，亦称之为"趋织"。其音皆与今俗称之名"蛐蛐儿"相近。其得名，乃缘之于其鸣叫之声。从训诂学角度考虑，"促织""趋织""蛐蛐"，皆为同音转化而来。

从"蟋蟀"之得名可知，这小小昆虫之所以引起人们的兴趣，起初并非因其好斗，而是由于它那悦耳的鸣声。

人们何时始畜养蟋蟀以听其声，已难以稽考。今日可见之著述、可资考证者，最早者为五代人王仁裕著《开元天宝遗事》。书中有《金笼蟋蟀》条曰："每至秋时，宫中妇妾辈，皆以小金笼捉蟋蟀，闭于笼中，置之枕函畔，夜听其声。庶民之家皆效之也。"人们在玩赏蟋蟀过程中，终于发现两尾蟋蟀（即雄性者）具有好斗的特性，于是率先在宫禁中兴起斗蟋蟀之戏，而后，又发展成为赌博。

南宋，在斗蟋蟀史上是兴盛的时代。此时斗蟋蟀已不限于京师，也不限于贵族，市民，乃至僧尼也雅好此戏。相传天台人道济，即喜嗜酒肉的有名和尚济颠僧，也曾为其被称为"铁枪"的蟋蟀之死而伤悼，为之安葬，并作悼词、祭文，以为纪念。甚至嗜蟋者死后，亦将畜蟋用具随葬。镇江南宋古墓就曾出土过蟋蟀笼子多只。当时文坛画场，以促织为题之作，层出不穷，盛况空前，足观一代之风尚。

就在此时，出了位有名的"蟋蟀宰相"，即南宋将亡之际的权相贾似道。此人曾以右丞相之职领兵救鄂州（今湖北武昌），却私向蒙军统帅忽必烈求和，成天在葛岭私邱率闲堂与群妾斗蟋蟀。其间狎客入，戏之曰："此军国重事邪？"他听到竟然一点也不脸红。朝廷的腐败，最终导致南宋的崩溃。

贾似道作为一代权相，斗蟋蟀误国，落得个千古骂名。然而，他作为斗蟋蟀爱好者，却编写了世界上第一部关于蟋蟀研究的专门著作——《促织经》，堪称中国昆虫学研究的开创者之一。该书详细地介绍了捕捉、收买、喂养、斗胜、医伤、治病、繁殖等方法。"论斗"一节，有"促织三拗"之说。拗者，不顺常情也。三拗是指："赢叫输不叫，一也；雌上雄背，二也；过蜑有力，三也。"蜑，即精囊。过蜑，精囊肥大。其观察可谓细致入微。尤其对蟋蟀交配习性的发现，更是发前人所未发，颇足称述。在今天，对于昆虫学史的研究，亦不失为一份难得的史料。

明清两代历时五百四十三年，斗蟋蟀之风经久不衰，尤以明宣德年间为盛。其时出了位酷好促织之戏的皇帝，岁岁有征，民不堪扰。皇帝曾教令苏州知府采办促织。"今所进促织数少，又多细小不堪的。已敕他每（们）……要一千个……不要误了。"搜觅千只上好蟋蟀，谈何容易！一敕至府，健夫小儿，常"群聚草间，侧耳往来，面貌兀兀，若有所失"，"至于溷厕之中，一闻其声，踊身疾趋如馋猫"。为进贡一只蟋蟀而倾家荡产、家破人亡的不在少数，可谓中国蟋蟀史上的"血泪篇"。

清代文学家蒲松龄曾将这一血泪篇章写成一短篇小说，名《促织》。内容说的是明宣德年间，里胥奉上司之命向一穷困潦倒的读书人成名索要蟋蟀，成名到处捕捉不得。就在他惶惶不可终日、"忧闷欲死"之时，终于得到一只佳品，谁知刚刚到手，却被顽皮的儿子捏死了。儿子惧怕父亲责骂，投井自尽。虽被救起，却长眠不醒，其魂魄已化作一只轻捷善斗的蟋蟀。其父得之，献给皇帝，得了重赏。这段生生死死的故事，入木三分地揭示了封建社会的黑暗，堪称一篇"蟋蟀佳作"。如今有人将此故事改编为电影，直题其名曰"蟋蟀皇帝"，真乃画龙点睛，一语中的。

纵观历史，北京斗蟋蟀之风习，可谓源远流长，在明清文献中即屡见记述。明袁氏《畜促织》中说："京师人至七、八月，家家皆养促织。"清人潘荣陛的《帝京岁时纪胜》中记载："都人好畜蟋蟀，秋日贮以精瓷盆盂，赌斗角胜，有价值数十金者，为市易之。"

清朝的王公贵族，是在入关后才始嗜斗蟋蟀之戏的。每年秋季，京师就架设起宽大的棚场，开局赌博。牵头的是织造府，因蟋蟀有促织之名，也就隶属于他们的管辖范围之内了，织造府为此发布告示规条，兴师动众，一时北京城成了以蟋蟀胜负而相角逐的一座赌城。

北京平民百姓的斗蟋蟀，与之不同，多属游乐性质。据老人们回忆，早年规定以二十四罐为一桌，即一组。斗前先比较双方蟋蟀的体型大小，如同今日之拳击比赛，非同一等级的不相斗，大小相当的才能放入盆中一决雌雄。多数以月饼、花糕、水果为赌注，胜利一方的主人及围观者均可大饱口福，以求一乐。

斗蟋蟀之戏，约源于唐，兴于宋，而盛于明清。至近代，由于外敌入侵，内祸连绵，生灵涂炭，自顾不及，何暇于蟋。故至一九四九年前夕，斗蟋蟀之俗已渐近绝迹。近几年来，随着人们生活水平的提高，文化娱乐活动的多样化，民间斗蟋蟀之风复起，上海已出现上万人规模的蟋蟀市场，天津等一些城市已建立起了蟋蟀协会，组织斗蟋蟀大赛，大有盛况空前之势！斗蟋蟀已不是少数人的赌博手段，它已和钓鱼、养鸟、种花一样，成为广大人民彼此交往、陶冶性情的文化生活，或可称之为具有东方特色的"蟋蟀文化"吧！

蟋蟀宰相魂归茅厕

南宋末期，贾似道被任命为权倾朝野的宰相，因为嗜好斗蟋蟀如命一般，所以人们称他为"蟋蟀宰相"，而他为宰相的时候，也正是元世祖忽必烈频繁进攻南宋的时期。

公元1232年（宋理宗绍定五年），蒙古向南宋政府提倡"联蒙灭金"的条文，毫无远见的南宋政府自以为这就可以除去外患，于是与蒙古结成盟友。第二年，宋蒙联军成功灭金，但蒙古却违背之前定下来的条文，把宋应得的土地削减，软弱的宋便向蒙古提出了归还条文中灭金之后属于宋的土地，蒙古坚决不给，宋朝便出兵打算拿回自己打下的土地，结果被强大的蒙古打得惨败而归，接着蒙古以南宋"违约"名义再次入侵南宋。

南宋惨败后，宋理宗令右丞相贾似道领兵出战，驰援鄂州，贾似道根本没有什么军事上的才能，于是在出征后便偷偷与蒙军私下议和，并向蒙军游说朝廷会向蒙古进贡，蒙古志在拿下整个宋朝，于是贾似道第一次议和，蒙军并不愿意。

可是，后来发生的一件事很快促成了贾似道的投降计划。蒙古大汗蒙哥在钓鱼城一战中死于城下，贾似道得知忽必烈会回国夺回汗位，便看准这个机会，与忽必烈签订和约，表示愿意称臣，岁奉银二十万两、绢二十万匹。

在私下议和成功后，忽必烈便撤军回去争夺王位。此时，贾似道与其他将领会师，并趁蒙军撤退时进攻，消灭了仅仅一百七十多个外敌。一百七十多的数目对兵源充足的蒙军简直是微不足道，可是贾似道却视之为"空前绝后"的战功，自然要夸大自己的功力，连奉"捷报"，并不报蒙军撤退的真正原因，向宋理宗报告："诸路大捷，鄂围始解，汇汉肃清。宗社危而复安，实万世无疆之福。"

宋理宗收到情报后，被贾似道蒙骗，欢天乐地，不但赐贾似道卫国公与道少帅，更大力赞扬贾似道，令朝中文武百官恭迎贾似道"凯旋而归"。贾似道得势后，立即作威作福，向宋理宗谗谮在军营中对他"无礼"的曹士雄与向士璧曾在军中贪污及盗取官钱，结果两人被流放。另一位将领高达曾在军中讽刺贾似道，于是贾似道在宋理宗面前说高达的不是，希望可以除去高达，幸而宋理宗还有点头脑，没有杀高达。

杀高达不成后，贾似道与同党编辑《福华编》，用以"歌颂"他于抗蒙军时的"英勇事迹"。及后，宋度宗登基后五年，贾似道为了测试自己在朝中的重要度，于是在宋度宗面前说自己年事已高，需返乡受福，宋度宗为了不失去这位"军事奇才"，便下旨准许贾似道可六日才上朝一次，也不用如百官般行礼，到后来更是十天上朝一次。

在襄阳被蒙军围攻之时，边关的文书接二连三地传来，贾似道"玩乐为首，国事其次之"。

宋军连战连败，襄阳城被围了五年。贾似道把前线的消息封锁起来，不让宋度宗知道。有个官员上奏章向宋度宗告急，奏章落在贾似道手里，这个官员马上被革职了。

有一天，贾似道上朝的时候，宋度宗问他："听说襄阳城已经被蒙古兵围了几年，怎么办？"

贾似道故意装出惊讶的样子说："蒙古兵早就被我们打退，陛下从哪儿听来的消息？"

宋度宗说："刚才听到一个宫女说起。"

散朝以后，贾似道查明了那个透露消息的宫女，找了个借口把她杀了。从此以后，宋度宗再也听不到蒙军进攻的消息了。

襄阳在蒙古兵围攻下越来越危急。贾似道却每天躲在葛岭别墅里。有一次，有个亲信官员去找他，他正趴在地上跟他的几个侍女斗蟋蟀。那个官员拍拍他的肩膀说："这难道也是国家大事吗？"贾似道玩得正起劲，也没当一回事儿。

襄阳终于被元兵攻破了，南宋王朝大为震动。这个时候，贾似道要瞒也瞒不住了，就把责任推给襄阳守将，把守将革职了事。

而襄阳被蒙军围困一事，贾似道都一一打压起来。一次，朝廷要他出征，于是使他买通大臣，向宋度宗"说明"贾似道应留在中央"控制大局"。

后来，在咸淳八年（1272年），宋度宗正准备前去参加祭祀仪式，胡贵妃之父趁机提出归宫的要求，由于是在祭祀的庄重场合，宋度宗不好说什么，只好接受了胡贵妃之父的要求。这件事令贾似道"不满"，觉得宋度宗完全没有与自己商量就接受了胡贵妃之父提出的归宫要求，极为生气，于是为了反对宋度宗的决定就装出要离宫归家，宋度宗一下子着急了，苦苦哀求让他留下来。贾似道觉得自己说话还是有分量的，于是，为了让胡贵妃彻底丧失权力，他向宋度宗提出了让胡贵妃削发为尼的要求。宋度宗有些为难。贾似道转身就走，宋度宗为了留住他只好将自己心爱的胡贵妃送去当尼姑，这样宋才原谅了宋度宗的"过错"。

宋度宗离世后，蒙古大军已攻占了鄂州，南宋太学生提出贾似道要亲征出战，在压力之下，贾似道不得不出战。但他胆小如鼠、贪生怕死，根本不思抗击，只是一味请求议和。他给元丞相伯颜送上礼品，请求割地赔款，但伯颜斥责他不守信义，拒绝议和。在安徽鲁港一带，贾似道几乎未加抵抗，就和几个属下一起抛弃其统领的十三万精兵乘小船逃走。南宋军队大败，军士死伤逃亡不计其数。天下舆论大哗，又兼元兵直逼临安，朝野一片震恐，要求杀之以谢天下。在强大的压力之下，贾似道被迫免职，但这不能平息众怒，大臣、太学生、平民都坚决要求处死贾似道。最后，贾似道被贬到偏远的广东一带。

县尉郑虎臣曾受过贾似道的迫害，为了报仇，他主动要求押贾似道去贬所。在押解的路上，郑虎臣多次提醒，让贾似道自尽，但他苟且偷生，不愿就死。郑虎臣想尽办法，勒逼折磨，贾似道自知再也活不下去，就服冰片自杀了。怎奈一时并不得死，只是泻肚，郑虎臣气愤不过，就到厕所里抓起他的胸襟，连续往地下猛摔，贾似道终于断了气。

这位"蟋蟀宰相"，祸害朝廷和人民的卖国贼，就这样魂归茅厕。

因斗蟋蟀皇帝丧命

明宣宗朱瞻基是仁宗朱高炽的长子，出生于洪武三十一年（1398年），在朱瞻基出生的那天晚上，他的皇祖、当时还是燕王的朱棣做了一个梦，他梦见太祖皇帝将一个大圭赐给了他。在古代，大圭象征着权力，朱元璋将大圭赐给他，正说明要将江山送给他。

朱棣醒来以后正在回忆梦中的情景，忽然有人报告说孙子朱瞻基降生了。朱棣马上意识到，难道梦中的情景正印证在孙子的身上？他马上跑去看孙子，只见小瞻基长得非常像自己，而且脸上一团英气，他非常高兴，这件事对他下决心发动靖难之役也有很大的作用。

朱棣靖难之役胜利以后，就亲自挑选当时的著名文臣担任朱瞻基的老师，并多次指示，皇孙是个可造之材，你们一定要尽心竭力，同时他也不忘亲自教导。永乐中期以后的远征漠北，朱棣总是将朱瞻基带在身边，让他了解如何带兵打仗，锻炼他的勇气。

每次远征归来经过农家，朱棣都要带朱瞻基到农家看看，让皇孙了解农家的艰辛，让他以后做一位爱民的好皇帝，朱棣对朱瞻基的精心教导对朱瞻基以后成为著名的守成之君有着极其重要的意义。在很大程度上朱高炽被立为太子是沾了儿子的光，因此父子俩就成为对皇权虎视眈眈的朱高煦（明成祖朱棣的第二子）等人的眼中钉，青年的朱瞻基也被卷入了这场争斗，但是凭着祖父朱棣对他的喜爱，凭着他自己的勇气与睿智，他总是能够帮助父亲化险为夷，最终使朱高炽登上了皇帝的宝座。

谁知朱瞻基的父亲朱高炽的皇位还没有坐热，十个月之后就暴病去世了。当时朱瞻基正在南京，他的皇叔朱高煦终于等到了机会准备在半路截杀已经是太子的朱瞻基，然后自立为帝。但是，聪明的朱瞻基早就预料到了处境的险恶，因此当得知父亲病重后，马上日夜兼程赶到了北京。当时朱高煦还没有派人设伏，因为他没有料到朱瞻基会回来得如此之快。朱瞻基回到北京之后，他一方面妥善处理了父皇的后事，一方面加紧北京城的戒备，防止有人伺机作乱，然后从容登基，改年号为宣德元年，开始了他的帝王生涯。

登基之后，摆在他面前最大的问题就是太祖皇帝留下的外藩问题。这个问题在建文、永乐、洪熙三朝都没有得到根本解决，明宣宗即位之后，马上着手整顿军务，准备迎接来自强藩的挑战。

朱瞻基的皇叔朱高煦在靖难之役中就战功赫赫，很会带兵，永乐朝分封乐安之后，就从没有放弃武力夺取政权的野心。机会终于来了，明仁宗病逝，明宣宗即位，国家动荡，皇帝年轻，正是造反的好时机，于是经过精心准备后也像他的父亲一样扯起了"清君侧"的大旗，矛头直指五朝老臣夏原吉等。如果将这些人除掉的话，辅佐朱瞻基的大臣就几乎没有了，无疑为朱高煦颠覆朝廷创造了有利的条件。

其实，针对朱高煦的阴谋，朱瞻基早已准备就绪。于是，在大臣杨荣的建议下明宣宗御驾亲征，在声势上一下就压倒了叛军，以前同意与朱高煦共同起兵叛乱的几路兵马也都按兵不动，御林军很快包围了乐安，朱高煦见大势已去，只得弃城投降。这次战役以御林军的大获全胜、生擒敌酋而告终。但是明宣宗也网开一面，没有杀自己的皇叔朱高煦，而是将他软禁在了逍遥城。

得胜之师回到北京后，明宣宗怕再次发生皇叔夺权的事件，马上

朱瞻基斗蟋蟀

传召另外一个皇叔朱高燧，暗示他交出兵权（当时的亲王都有自己的军队，称作卫），朱高燧并没有反抗，乖乖地交出了三卫兵马，就这样，明初近半个世纪的藩王问题在宣德朝终于得到了解决。

另外，安南（越南古称，包括现广西一带）问题也是宣德朝的一个重要问题。早在永乐时期，由于安南内部的争斗，使得安南原来的统治者绝嗣，安南一片混乱，成祖派大将张辅率兵平叛，并在安南正式建衙，派人管理，但是由于一些贪官污吏的压榨，加之历史渊源，安南几乎没有断过兵燹，这使得明初的财政背上了沉重的负担。

到了明宣宗朱瞻基即位的时候，安南问题日趋严重，朝廷军队不断在安南遭遇败绩，在这种情况下，明宣宗毅然决定议和，放弃对安南的占领。这在当时曾引起不小的争议，但现在看来，明宣宗皇帝的决策是正确的，起码是符合人民利益的，远征安南不仅空耗国库，而且使得大明许多家庭遭受丧子、丧夫的痛苦，既不利于经济的恢复，也不利于社会的安定，因此放弃安南是明智之举。

从此之后，明朝出现了前所未有的安定和繁荣，朝廷也涌现出了一大批能人志士，如宣宗朝文有"三杨"（杨士奇、杨荣、杨溥）、蹇义、夏原吉，武有英国公张辅，地方上又有像于谦、周忱这样的巡抚，可谓人才济济，这使得当时政治清明，百姓安居乐业，经济得到空前的发展，出现了继文景之治、贞观之治、开元盛世之后著名的"仁宣之治"的盛世局面。

国家的安定，生活的安康，朱瞻基显得更加悠闲了。此时，他爱上了斗蟋蟀。其实，朱瞻基从小就喜欢斗蟋蟀，但他出生在那个年代，兵荒马乱，他带兵四处征战，只不过在战斗后休息的时候和士兵偶尔娱乐一下，可是当他当上皇帝之后，天下太平了，朱瞻基斗蟋蟀不再是偶尔玩一下了，而是斗蟋蟀成瘾。无论白天还是晚上都要与大臣切磋一番蟋蟀，他还命令全国各地采集上等的蟋蟀来京，举行斗蟋蟀大赛。地方一些官员为了取悦明宣宗,都变本加厉地给老百姓下达任务,让他们无论什么季节都必须上交一定数量的蟋蟀,这样的剥削一度给百姓造成了很大的负担,朱瞻基也被百姓们称为"蟋蟀天子"。

总之,瑕不掩瑜,宣宗可算是一位称职的皇帝,他对明王朝的贡献是不可磨灭的,他被史家称为太平天子、历史上著名的守成之君,这些称号对于他来讲都并不夸张,只是宣德皇帝寿不长,在位十年就染上不治之症,最终撒手人寰,终年三十八岁。

陆博

陆博的历史

陆博，又称六簿、六博，是一种带有一定赌博性的棋类游戏。六博所用的棋子双方各为六枚，六黑六红，又有骰子六枚，故称为"六博"。六博的起源极早，《说文》云："（六博）局戏也，六箸十二棋也。古者乌曹作簿。"乌曹是夏桀的臣子，说明六博这种游戏早在夏朝时就出现了。

到了商周时期，六博已经成为一种君王贵族们经常玩的游戏。《史记·殷本纪》中，记载过一则有关商朝帝王武乙与天神玩六博的故事："帝武乙无道，为偶人，谓之天神。与之博，令人为行。天神不胜，乃谬辱之。"《穆天子传》中，也有一则关于周穆王与井公玩六博的材料："（穆王）北入邴，与井公博，三日而决。"这些记载都说明早在商周时期，六博游戏便已在宫廷和上层社会中开始流行了。

春秋战国时期，随着商业城市的兴起，六博游戏更是盛行于世，许多先秦文献如《论语》《左传》《庄子》《战国策》《楚辞》《史记》等书中都有不少关于六博的记载，内容涉及君王、诸侯、贵族、大夫、士和平民等各个阶层。特别是在一些像齐国这样政治上比较开明、文化上比较自由、商业经济比较繁荣发达的国家中，六博这种带有一定赌博性的游戏方式，更是获得了十分广阔的市场。

与六博相关的还有围棋这种古老的棋类游戏活动。《论语·阳货》中云："饱食终日，无所用心，难矣哉！不有博弈乎？为之，犹贤乎已。"这段话中的"博弈"二字，指的便是六博和围棋。写于春秋战国时期的《论语》中已经将六博与围棋并称，说明围棋的起源也非常早。与《论语》时代相近的《孟子》中还提到了一个名叫奕秋的人，他的围棋技术非常高明，是当时一个著名的围棋手。围棋在春秋战国时期的流行与当时的社会背景有很大的关系。春秋战国时期是我国奴隶制开始衰亡，封建制刚刚兴起的社会大变革时期，也是我国古代文化大发展的时代，当时的数学、天文学、军事学以及体育艺术等都有了相当的发展。因此，弈棋这种与数学、军事学密切相关的攻战布阵斗智的游戏形式，便开始迅速发展起来，并很快成了当时社会上十分盛行的风尚。

到了繁荣的唐朝，陆博成了最为流行的古老游戏活动之一。许多唐诗中都有其记录。李益的《杂曲歌辞·汉宫少年行》写道："分曹六博快一掷，迎欢先意笑语喧。""分曹"就是"分拨"。玩六博的时候笑语喧哗，很热闹。李白的诗中提到陆博更多，如《相和歌辞·猛虎行》写道："有时六博快壮心，绕床三匝呼一掷。"《梁园吟》写道："连呼五白行六博，分曹赌酒酣驰辉。"《送外甥郑灌从军三首》之一写道："六博争雄好彩来，金盘一掷万人开。"韩愈的《送灵师》写道："六博在一掷，枭卢叱回旋。"

陆博引起"七国之乱"

据记载，汉景帝刘启当太子的时候，对陆博特别沉迷，在皇宫培养了大批陆博人才，不仅如此，还在全国境内寻找陆博的高手与自己对决。和其他皇子皇孙一样，由于身份关系，凡是来与刘启陆博的人都让着他三分。可是在刘启看来，自己就是天下无敌手，很是自豪，整天得意洋洋。

这日，吴王刘濞的太子来到长安觐见，刚一入宫，刘启非得拉着吴太子进行陆博比赛，吴太子一路劳顿本已经是人困马乏，可是碍于面子，只好陪着刘启陆博。

吴太子是个耿直的人，不像别的人考虑刘启的身份，他并没有思想上的束缚。刘启因为一向天下无敌，也没有把吴太子放在眼里，可是接连败了数局，才知道自己今天遇见高人了。于是，刘启激情高涨，愈挫愈勇。但是在吴太子的眼里，刘启的陆博太差，觉得玩着没有意思。

于是，吴太子站起来便说："今天就到此，改日我们再陆博如何？"

刘启有些红了眼似的，一把拉住吴太子的手臂生气地说："什么不玩了？你赢了你就不玩了？"

吴太子赶紧解释说："当然不是这个意思，我有些劳顿，想休息一下，然后我们接着再玩，如何？"

在刘启看来，吴太子不是劳累，就是赢了想趁机走人，天下哪有这样的道理，这不是不把他这个太子当一回事儿吗？于是刘启说："我现在以太子的身份命令你陪着我玩。"

吴太子只好无奈地陪着刘启接着陆博，可是他陆博也有个毛病，就是不懂得让着别人，他认为输就是输、赢就是赢，不需要让着对方。这与他耿直的性格有关吧，也与吴太子师傅的教育有关，吴太子的师傅都是楚人，楚人素来刚正，也不愿意吃亏，因此吴太子的脾气也受到了很大的影响。

可是刘启一向都是赢，今天接连失败，觉得吴太子太不给自己面子了。

在接下来的几局中，吴太子依然没有谦让的意思。刘启着急了，为了赢得吴太子，不得不采取一些非常手段。他趁着吴太子不注意，很快将一个棋子换了一个位置。

吴太子很快发现了刘启的小动作，便说："请你将'车'退回到原来的地方，每次只能走一步，不能两步同时走。"

刘启狡辩说："我的'车'原来就放在这里。"

吴太子见刘启没有悔改的意思，他便将从陆博刚一开始，彼此每一步的棋子怎么走都一一说出来，最后一步棋子走完双方的棋子该是在什么位置。刘启再也无法辩解，只好将自己的"车"退回到原来的对方。

刘启和吴太子就这样默默地进行着陆博，其实每个人的心里都带有一些怨气。刘启又接连输掉了几局。

当又一局开始，刘启没有走几步，便发现自己这个棋子走错了，如果退回去，重新走到别的地方，说不定还有赢吴太子的机会。

于是，刘启赶紧拦住吴太子："慢着，慢着，我这个'马'不走这里了，我拉回来走这里。"

"什么？你想悔棋？不行！"吴太子将刘启拉回又放出的"马"又放回到原来的地方。

"有什么不行的，我就要这样走！"刘启将自己的"马"有拉回新的地方。

吴太子又将"马"放回原处，两人反复数次，争吵的声音也越来越大。

壁画上的陆博

"就凭着我太子的身份，你不能让我一下吗？"

"太子有什么了不起的，我不让。"

刘启一听吴太子根本没有将自己这个太子放在眼里，这简直是大逆不道，一气之下，提起棋局砸向吴太子的脑袋。

只听见吴太子惨叫一声倒地，脑袋鲜血直流。刘启一看着急了，赶紧招呼太医来。当太医来到的时候，吴太子已经魂归西天。

刘启一看闯下大祸，赶紧派人以皇太子驾崩的待遇，将吴太子的尸体运回吴国。

吴王刘濞看着儿子的尸体，气得要发疯。他拒绝接受儿子的尸体，并对刘启派来的人说："我们也是皇帝的宗室亲族，儿子死了就应该葬在京城，何必还要送回来呢？"

吴太子的尸体只好抬回京城安葬在了长安。

虽然儿子被太子刘启打死的事过去了很久，但吴王刘濞心中的怒气越积越深，后来干脆称病不上朝。再后来刘濞觉得要替儿子报仇，于是他联合楚等六个国家，于公元前154年发动了历史上有名的"七国之乱"，彻底与刘家王朝反目成仇。

此事是中国历史上一个十分有名的因为游戏而生国祸的故事。本来陆博只是一种消遣的游戏，与国事、政事毫不相干，但是因为玩陆博的双方都是重要人物，他们的行为举止会对国家命运产生重要的影响，因此，他们所玩的陆博游戏便引出一场战争来。

汉宣帝用官职还赌债

汉武帝刘彻到了晚年是颇信鬼神的。正是在公元前92年的盛夏，也就是他正在甘泉宫养病期间，有一天夜里，他做了一个梦，梦见许多小木人拿着木棒打他的脑袋，从此他的病就更重了。汉武帝刘彻便认为这是有人在地下埋了小木人诅咒他。于是，他派了当时朝中酷吏江充查办此案。

这个江充应该是中国历史上的第一酷吏了，他得了汉武帝刘彻的御旨后，在长安到处抓人，设立刑堂。他用烧红的铁钳，灼逼被抓起来的人招供。受刑熬不过的人屈打成招，于是许多人相互诬陷，长安城内一时乌云密布。

当时许多有功的臣将都因此而家破人亡，甚至被灭了九族。像当时的丞相公孙贺和他的儿子，还有屡战匈奴战功卓著的公孙敖、赵破奴都惨死在这个冤案之中。朝廷里数百名大臣被牵连此案，全国各地因这个案子受牵连的人多达数万。就连汉武帝刘彻的两个女儿、当时宫中高贵圣洁的公主，以及卫青的儿子卫伉都死于此案。

再后来，变本加厉的酷吏江充又带人到汉武帝的亲生儿子、当时的太子刘居宫中，掘地三尺找什么小木人。年轻气盛的太子刘居一怒之下将江充斩首。

此事传到甘泉宫，汉武帝刘彻认为这是太子刘居谋反，又派丞相刘屈牦领兵围剿太子刘居。

太子刘居兵败，逃出长安，跑到湖县泉鸠里，也就是今天陕西潼关东北与河南灵宝以西之间的地方自缢身亡。之后，太子刘居的母亲卫皇后也在宫中被逼自杀。

仅仅是做一个小木人拿着小木棒敲脑袋的鬼狐之梦，便连杀自己的儿子、女儿、老婆及爱将爱臣共数万余无辜众生，这便是西汉历史上有名的，也是后来史书上都有重重一笔的"巫蛊之祸"。

刘询早年不叫刘询，而是叫刘病已，正如他的名字一样不吉利。在他刚生下来几个月时，他的祖父，也就是汉武帝刘彻的亲儿子刘居，连同他的父亲、母亲都被晚年昏聩的汉武帝刘彻在"巫蛊之祸"中处死。

而在襁褓中的刘病已也被投进了他曾祖父的大狱，并且一关就是五年。即便是这样，刘病已四岁那年，要不是因为一位名叫邴吉的狱官，年幼的刘病已也早就命丧黄泉了。

公元前87年，汉武帝刘彻身患重病。有一位方士说，现在长安监狱上空有一股天子气，陛下有病，就是让这股邪气给冲了，陛下要想痊愈，就得把这股子邪气除掉。

年迈的汉武帝刘彻对方士的巫语笃信不疑，当即下一道诏令，要处死长安监狱所有的犯人。

当行刑官满手血腥要杀年仅四岁的刘病已时，邴吉便站出冒死抗旨。邴吉对行刑官说："这位幼犯是皇太孙，他并没有犯死罪，你们要是杀了他，将来皇帝怪罪下来，你们怕是要担待不起的。"就这样，小小的刘病已才免于一死。后来，还是在这位狱官邴吉的帮助下，刘病已才逃出大狱，流落民间。

刘询（刘病已后改名刘询）到民间之后，为了避其身份，生活的环境与普通老百姓没有什么两样。也没有人给他讲真实的身份，似乎他也没有遗传皇宫贵族的气质，整天光着屁股与其他的小孩子玩在一起，可是那时候的孩子没有花样繁多的玩具，而刘询却偏偏迷恋上了陆博，整日沉迷于陆博的游戏之中。

如果刘询陆博有赢的机会倒也好说，可是由于小时候的刘询远远没有那么聪明，玩陆博每赌必输，可是越输他越有劲头，这样越陷越深。与和他一般大小的好朋友陈遂形成了鲜明的对比。陈遂每次和大伙儿玩陆博都是赢，所以，每次当刘询输了的时候就向陈遂借钱接着玩。可是看不见刘询有赢钱的机会，陈遂借给刘询的钱，好像扔进了无底洞，不知道刘询何时才可以还清。说白了刘询只是不停地向陈遂借钱，从来没有还过钱。那陈遂还敢借给刘询钱吗？

这日，刘询再次将借陈遂的钱输光了，只好又去向陈遂借钱。当时的陈遂正在玩陆博的兴头上，听见刘询又向自己借钱，突然生气了，冲着刘询喊道："没有本事就别玩啊！每次你玩都输，我哪里有那么多的钱借给你啊？"

陈遂说完接着玩陆博，几局玩下来，他无意转身发现，刘询还站在身后，一副可怜巴巴的样子，依然祈求的眼神默默地看着他。

陈遂看到刘询这个样子心软了，便说："以后我借钱给你可以，但必须记账，而且为了让你能够还得起借账，必须过段时间还一部分钱给我。"

刘询一听陈遂借给自己钱，高兴得点头赶紧说："好！好！好！"

刘询接过陈遂借给自己的钱，并且很爽快地给他打了张欠条。

没有多少时日，刘询又将借陈遂的钱输光了，只好又来借。陈遂拿出一叠刘询的欠条摇晃了摇晃说："看看，这些账还没有还清呢，又来借？"

刘询挠着脑袋也有些不好意思地说："有欠条为证，我不会赖账的，总有一天我会给你还清的。"

陈遂只好又借给了刘询一些钱。

可是刘询根本没有赢钱的本事，于是不停地向陈遂借钱，打欠条。

数十年之后，刘询一跃成为天子，四海江山一切归天子所有。此时陈遂应该说将过去的一切陈年往事忘记得一干二净，可是刘询不是这样的人。他是一个言而有信的人，对于小时候所欠陈遂的钱，一直念念不忘。可是他太了解陈遂了。如果自己直接去还钱，陈遂肯定不愿意接受，也不敢接受皇帝还的赌债，可是采取什么方式能够让陈遂接受这一切呢？

一日，大臣上奏说："太原太守之职一直在空缺之中，请皇上早日定夺人选。"

刘询眼前一亮，突然有了一个主意：陈遂自幼聪明，为人正直，做太守绝对不成问题。这样不是一举两得吗？一方面，太守之职是个有油水的职位，这样不是就可以补偿曾经所欠陈遂的钱吗？另一方面太原有了这么一位刚正不阿的太守，老百姓岂不有福了？

于是，刘询赶紧下圣旨，命陈遂为太原太守之职。

刘询在给陈遂委任玺书中郑重其事地说："这回给你高官厚禄，可以偿还小时候在陆博游戏中所欠你的钱了吧！"

陆博引起的灭国之祸

在辽道宗末年，政治上日渐腐败，经济萎缩，国力逐渐减弱，但是内宫生活却依然极其奢华，整日歌舞不休，山珍海味不断，一些贵族围在皇宫后院整日玩陆博。

此时，女真族还在辽的控制之下，每年还得向辽进贡。

这年，女真族派完颜阿骨打前往辽京城朝觐并进贡物品。进贡结束使他算回去，这时被正在玩陆博的辽贵族看见了，忙跑过去拉住他说："听说你们女真族都是玩陆博的高手，为何不来玩玩呢？"

完颜阿骨打碍于面子不好拒绝辽贵族的邀请，只好走过去，打算陪着这些贵族玩几局。他打刚坐下一看，原来这些贵族先掷彩后行棋，就是掷彩谁的点数大谁先有走棋的权利。

完颜阿骨打就掷彩，结果辽贵族的点数大，于是先走棋。第一局辽贵族赢了，一看完颜阿骨打输了，这些贵族顿时放声大笑，嘴里嘲笑道："听说女真族的人个个是陆博高手，原来很熊啊！哈哈！"

完颜阿骨打什么也没有说，毕竟自己技不如人输了，还有什么好说的啊！接着玩第二局。第二局，完颜阿骨打掷彩的点数大，辽贵族的点数小。他打刚要伸手先走棋子，辽贵族一把抓住他的手臂，然后自己先走棋子。

完颜阿骨打有些不解地问："不是掷彩点数大先走棋子吗？我的点数大，你们为什么要先走棋子啊？"

辽贵族笑道："这规矩是我定的，我说谁先走就谁先走。那我这局定为点数小的先走不可以吗？"

完颜阿骨打忍着气，接着走棋子，这局他很顺利地赢了。可是这些辽贵族依然对他说着一些难听的话："你们这些女真蛮族之人，就除了玩玩陆博还可以，还有什么可以与我们大辽相比呢？"

完颜阿骨打什么也没有说。

辽贵族接着说："这局虽然你赢了，但我们都看得出来，你是瞎蒙的，对吧？"

完颜阿骨打气得牙咬得咯咯响，他再也无法忍受了，这不仅仅是对他个人的侮辱，更是对整个女真族的侮辱，他突然站了起来说："你们自己玩吧，我走了！"

那些贵族一下子围住他，将他按坐下来说："什么？你赢了就想走啊！这地方是你想来就来想走就走的吗？接着玩！要不我们让你有来无回！"

识时务者为俊杰，辽的人多势众，再说在辽的地盘，万一这些嚣张的贵族采取过分的手段怎么办？女真虽然强大了，但是毕竟还是向辽称臣，杀死一个女真人，和踩死一只蚂蚁没有什么区别。正是完颜阿骨打认识到了这一点，于是，他忍着气又坐了下来。

辽贵族已经掷彩了，完颜阿骨打带着愤怒随手使劲一掷彩却取得了一个很大的点数，他刚伸手去走棋子，又被辽贵族拉住了手，那辽贵族笑道："你们女真这样低贱的蛮夷之人还想走在我们大辽人的前面，门都没有，让我先来走。"

完颜阿骨打再也听不下去这些贵族对自己热爱的女真族的辱骂了，他一脚踢翻棋局，从腰间拔出佩刀向辱骂自己的那位辽贵族刺去。那贵族一下子倒在了地上，脸色变得煞白煞白，他完全被完颜阿骨打的突然举动吓傻了。

随后，其他的人赶紧冲上来拉住了完颜阿骨打，才没有酿成大祸。最后，在大家的调解下，避免了一场悲剧的发生。

自从完颜阿骨打回到女真族之后，一遍又一遍地回想着当天受到的侮辱，他觉得难以咽下这口恶气，最后，他决定要为自己所受的侮辱进行报仇。

完颜阿骨打加紧训练自己的士兵，冬练三九，夏练三伏，每当遇到困难时，辽贵族辱骂的声音就回荡在他的耳边，使得他顽强地接着训练。由于他的刻苦训练，士兵锐不可当，女真族也将自己未来的希望交付给了他，很快他被推选为女真族部落联盟首领。

完颜阿骨打就任首领后，没有多长时间就发动了对辽的大战。在出发前，他将自己多年前在大辽受到的侮辱添油加醋地给士兵们说了一遍，士兵一听士势更加高涨，决心奋力杀敌来血洗辽对女真族的侮辱。

本来就摇摇欲坠的辽，在女真族的进攻下，很快土崩瓦解。他们谁也没有想到自己国家这么快灭亡的原因，就是由于多年前陆博产生的矛盾加速了辽末日的到来。

马球

马球的历史

马球，史称"击鞠""击球"等，是骑在马背上用长柄球槌拍击木球的运动，多流行于内蒙古等地。

相传唐初由波斯（今伊朗）传入，称"波罗球"，后传入蒙古，相沿至今。球状小如拳，以草原、旷野为场地。游戏者乘马分两队，手持球杖，共击一球，以打入对方球门为胜。

马球盛行于唐宋元，至清代始湮没，主要流行于军队和宫廷贵族中。西乾县唐章怀太子李贤墓中发现的打马球壁画，充分展示了唐代马球运动的场景。壁画全图高130厘米~240厘米，宽600厘米；画面人物众多，背景宽阔，生动形象；参与击球者二十余人，皆着各色窄袖袍，足登黑靴，头戴幞头，手执偃月形球杖，身骑奔马，做出竞争击球的不同姿态。画面构图疏密有致，动中有静，有强烈的节奏感、运动感。

马球运动有益于参与者的身心、骑术和技艺的锻炼。据文献记载，唐代的历朝皇帝如中宗、玄宗、穆宗、敬宗、宣宗、僖宗、昭宗都是马球运动的提倡者和参与者，天宝六年（747年），唐玄宗专门颁诏，下令将马球作为军队训练的课目之一。打马球在唐代风行一时，不仅成为帝王和贵族阶层强身健体的体育运动，而且在对外文化交流中也发挥了重要作用。

据文献记载，当时相邻的渤海、高丽、日本等国都有与唐王朝进行马球竞技的描述。现藏故宫博物院的《便桥会盟图》（突厥陈及之绘制），有一专门描绘唐、突厥两国进行马球比赛的场面。画面以唐太宗李世民与突厥可汗颉利在武德九年（626年）于长安城西渭水便桥会盟之事实为背景，画中，数名骑士策马持杖争击一球，场面颇为热烈、壮观。直至宋、辽、金时期，朝廷还将马球运动作为隆重的"军礼"之一，甚至还为此制定了详细的仪式与规则。

大唐与西域马球决斗

　　唐中宗景龙三年（709年），为了继续唐太宗和亲睦邻的政策，唐中宗决定以京城公主下嫁吐蕃。吐蕃赞普派遣使团到长安城来迎亲，队伍庞大，人员众多，衣着华丽，一路锣鼓齐鸣，如此阵容不说也知道吐蕃赞普的意思。唐中宗自然是热情款待了。可是在这些迎亲队伍中有一些特殊的人，这些人就是吐蕃的马球队，个个身材魁梧，身怀绝技。

　　觥筹交错之余，吐蕃使者向唐中宗提出要与大唐的马球队进行比赛："听说您非常喜欢马球比赛，我们也带来了马球队，何不与大唐的马球队进行比赛来增加喜庆热闹的气氛呢？"

　　唐中宗一想今天是大喜的日子，但进行马球比赛却有些不妥，因为在马球比赛中伤亡是经常发生的事，万一出什么意外，大喜的日子有些不吉利吗。可是，就在唐中宗犹豫的时候，吐蕃使团团长带头颇挑衅的口气笑着问："难道大唐没有打马球这样的人才吗？还是被我们的马球队吓住了啊！"

　　唐中宗面对吐蕃的挑衅，把心中的不悦埋藏在心底，命令神策军与吐蕃的马球队进行比赛。可是刚开始的几局中大唐的神策军连战连败。中原向来提倡以德治国，所以即便武士也有些文弱；吐蕃就不一样了，一年四季到处游走，摔跤、打猎、射箭，个个身强力壮，大唐的人怎么是他们的对手呢。

　　吐蕃的接连获胜，

唐中宗打马球图

气势更加嚣张。

吐蕃使团团长大笑着对唐中宗说:"哈哈!看看,我们的马球队怎么样?你们大唐连败几局啊!"

唐中宗面对吐蕃的挑衅心里愤怒了,但他没有发作,毕竟自己是泱泱大唐的国君啊,生气只能是让吐蕃更加瞧不起大唐。

唐中宗也笑着回敬吐蕃道:"你们果真是人才济济啊!"

随后,唐中宗马上下令让临淄王李隆基、嗣虢王李邕、驸马都尉武延秀、杨慎交四位贵族组成一支马球队,迎战吐蕃队。

吐蕃队也曾经听说过这四位都是马球高手,马虎不得,便从自己的队伍中选出了几位高手中的高手迎战大唐队。在这场关系大唐王朝荣誉的大战中。四位贵族奋力与吐蕃进行拼搏,可谓战斗得极其激烈。

其中,李隆基起到了非常重要的作用。史料记载了李隆基当时的比赛场面,"玄宗东西驱突,风回电激,所向无前,吐蕃功不获施"。

李隆基以他纯熟的马球技艺,抑制了吐蕃马球队的发挥,取得了胜利。

吐蕃嚣张的气焰顿时全无,使团团长也不好意思地直抹额头的汗珠,对唐中宗作揖道:"还是大唐人才济济啊,我们自叹不如。"

唐中宗笑笑说:"谢谢承让!"

随后,吐蕃迎亲团赶紧收拾启程回吐蕃,本来吐蕃使者想多留几日好好刁难刁难大唐,甚至背后还有更多的阴谋想施展给大唐,可是在马球比赛中就败了下来,也知道大唐的确是人才济济,再以后的日子里,也不敢对大唐有非分之想了。

马球场趁机惩处叛徒

"安史之乱"叛军人马杀过河北,经过洛阳,直逼长安城下,河北敌后还有几支忠于唐朝的兵马,唐肃宗任命李光弼为河东招讨使统一指挥。

这时,有个副招讨使王甫却心怀异志。王甫原任常山郡太尉官职,当安禄山叛军杀来之时,躲过了冲击风暴,由于手中有三千兵马指挥权被任命为河东副招讨使。

就在此时,安禄山叛军已经拿下了长安城,调动兵马转向河北清剿,常山城首当其冲。

在安禄山兵力威逼和利禄的诱惑下,王甫和敌人密谋了投降计划,当叛军大队抵达常山城时便开门投降。因为王甫当时对常山郡兵马尚未完全掌握,所以投降计划是秘而不宣的,只有几个贴身的心腹知道。

但是,若要人不知,除非己莫为。王甫投降的事很快被常山郡的将军们知晓了,大家都义愤填膺。

"我们这不是让王甫给出卖了吗?"

"他王甫认贼作父,我宁死也不认安禄山这个叛贼!"

"我现在就去杀了王甫这个狗官!"

那位冲动的将军被另外一位将军拉住了:"现在我们不要冲动,必须想个很好的办法阻止这件事,如果我们过于冲动打草惊蛇,说不定我们还没有行动,人头就早已被砍下来了。"

"那你说现在怎么办?"

那位将军说:"虽然王甫从未向我们任何人表示过要投降敌人的事,但是大家必须明白,如果一旦敌军大队当前而王甫宣布投降,那时无论多么义愤也都无济于事了。"

"我认为最好的办法是把王甫这个老贼给宰了,留着也是个祸害。"

"想杀他可不是件容易的事啊!"

"我们要在他毫无防备的情况下，神不知鬼不觉地除掉这个叛贼！"

……

大家你一言我一句，但是都没有一个可行的方案。主要是王甫的权力很大，一般人很难靠近，更别想杀掉他了。

就在此时，一位将军突然有了主意："王甫这个老贼不是很喜欢打马球吗！我们把他骗到马球场，不就有办法了吗？"

大家顿时都觉得这是个不错的主意。

"好，那我们就采取这个办法，但是要绝对保密。"

"放心吧，没有问题。"

这天，常山城的兵营里要举行空前盛大的马球比赛，所有的将军都去请王甫参加比赛。

"王大人，为了鼓舞士气，我们今天在军营里举办盛大的马球比赛，特地邀请您参加。"一位将军对王甫说。

"哦！今天的马球比赛我就不参加了，改天吧！"王甫托词道。

"王大人，大家都知道您是马球高手，您不去那就没有人敢玩马球了啊！现在大家都等着您呢，我还告诉他们，我亲自来请您，您一定能够参加我们的马球比赛的，如果你不云，让我回去怎么对士兵交代啊？"

王甫虽然不知道请他的用意，可是他还是推托着，这让这几位将军有些大惑不解，一向爱马球如命的王甫，为何今天不去呢？难道有人泄露了秘密？

有位将军故意说道："王大人不去打马球，难道还要在这里与别人商量什么秘密事宜不成？"

做贼心虚的王甫一听这话顿时有些紧张，随即佯装镇定地说："没有，没有，不是，不是。"

"既然没有要紧的事，就赶紧走呗！一会儿去迟了，您守信守时的形象就毁于一旦啦！"一位将军这么一说。

王甫赶紧脸上堆满笑容说："好，走！走！走！"

几位将军彼此对视了一下，不由得笑了。

王甫和这些将军上了马球场。起初王甫也许是真的做贼心虚有些防备，不愿意主动出击，但当看到马球的时候便忘记了一切。将军们认真地和王甫玩着，一会儿就将马球玩到了高潮，王甫高兴地欢呼着，将士们互相传递了一下眼神，认为除掉这个老贼的时机到了。

此时，马球刚好滚到了王甫的马下，一个身高体胖的将军快马加鞭佯装去抢马球，故意将身体一斜，一下子将王甫从马上带落摔倒在地，另外一个将军趁机将马球打到王甫的身边，其他的将士策马扑过来假装抢马球，马蹄一次次落在王甫的身上王甫还没有呼出声就丧命了。

因马球而丧命的皇帝

长庆四年（824年），唐穆宗驾崩，时年30岁，年仅16岁的李湛继承皇位。唐穆宗的死亡原因据说是在马球场观看马球比赛时，马匹受到惊吓使得他落马摔成了中风，不久死去。

有其父必有其子。唐穆宗是个马球迷，而儿子李湛更是有过之而无不及。李湛当上皇帝之后，也就是唐穆宗死后不到两个月的时间里便举行了三次声势浩大的马球比赛。后来，他还命令西川节度使为自己纺织专门的马球运动服，在全国征集打马球的人员进宫与自己比赛。

这年，郓州刺史推荐了马球艺人石定宽、苏佐明等四人。李湛看了看这四个不起眼的马球艺人，为了验证其真正实力，让他们当场表演马球技艺。果然，这四人没有让李湛失望，他们的表演赢得了李湛的肯定。于是，李湛当即宣布这四人为内园供奉，留在他的身边专职陪他打马球。

自从石定宽、苏佐明等四人从普通平民摇身一变成了皇帝身边的马球侍奉，别提他们多高兴了，也可以算是一步登天了，整天衣食住行极度奢华。可是这样的日子没有舒坦多长时日，他们四人就烦躁了。毕竟这里是皇宫，规矩太多，不敢多说一句话，不敢多走一步路，尤其对这些自幼习惯了自由散漫的人，一下子好像被关进了鸟笼子，失去了自由，更主要的是随时还得忍受小皇帝的暴打。

李湛娇生惯养，任性，爱发脾气，喜怒无常，稍有不如意，挥起球杖劈头盖脸就打下来，鲜血直流，还不准躲避。

这四人来皇宫短短几天，每个人都挨了李湛数次毒打。

那天，四人正在与李湛比赛马球，可是这四人已经进球无数个了，而李湛只进球寥寥几个。本来这四人都打算让着皇帝，可是前几次由于让李湛进了很多球反而让他不高兴，将四人揍了一通，不准他们四人让自己。可是，这四人拿出自己的实力不让皇帝进球时,李湛又不高兴了。总之,在这四人看来怎么做都是错误的,他们终于明白了伴君如伴虎的道理。

正当李湛将一个球快要打进球门的时候,石定宽来了一个"海底捞月"将眼看要进去的球给铲出来了。李湛扑过去举起球杖冲着石定宽的脑袋砸来,石定宽躲闪不及,第一下就被砸破了脑袋,热乎乎的鲜血从面颊流下来。但是李湛并没有停手,再次举起球杖,石定宽明明知道躲闪无用,但本能的还是躲闪了一下,李湛没有砸着更加愤怒了:"你给我站住,要不我打死你!"

皇上的话是金口玉言,说打死谁就打死谁,而且越躲闪被毒打得越厉害。石定宽只好站住,任凭这位小皇帝的球杖落在身体的各个部位,苏佐明想上前劝阻李湛不要再打了,可是前几次的经验告诉他们,谁要是劝阻,谁将被李湛打得更厉害,所以,其他几个人战战兢兢地站在一边看着自己的兄弟挨打不敢上前劝阻。最后,石定宽被打晕了过去,李湛又狠狠地打了几下才罢手。

后来,不知道为什么,李湛不仅白天喜欢打马球,晚上也喜欢打马球。在球场的四周点上数百根大蜡烛照明,可是虽

唐代的女子马球

然如此，球场上昏暗之处依然很多，稍有不慎，石定宽、苏佐明等人就有被皇上球杖"碎首断臂"、送掉性命的危险。所以，每次晚上李湛玩球的时候，这四人分外害怕，不知道如何是好。

宝历二年（827年）十二月的一天，长安城里下起了鹅毛大雪，北风凛冽。石定宽、苏佐明白天陪着李湛打了一天的马球已经累得精疲力竭，打算晚上好好休息一下，可是还没有来得及躺下，太监就来催了，说皇上在马球场等着各位进行马球比赛。

这四位一听气愤到了极点，下这么大的雪，还要陪着皇帝打球，这不是在折磨人吗？这些年所受的委屈难道还少吗？四个人互相对视了一下，紧紧抓着马球杖向马球场走去。

当石定宽、苏佐明等四人来到马球场时，李湛正好在马球场的更衣室换马球运动服。四人不约而同地向更衣室冲进去，还没有等李湛反应过来，这四人举起球杖便砸向李湛。一会工夫，李湛就变成了一堆肉酱，这位爱好马球的小皇帝就这样永远地消失了。

摔跤

摔跤的历史

根据文字记载和传说，早在四千年前的原始社会就有了摔跤活动。当时，人们为了求得生存，在与自然界进行斗争中，在部落之间的冲突中，利用自己的力量、技巧取得食物和进行自卫，从而产生了古代的摔跤。

据南朝人任昉的《述异记》记载："秦汉间说，蚩尤氏耳鬓如剑戟，头有角，与轩辕斗，以角抵人，人不能向。今翼州有乐名蚩尤戏，其两两三三，头戴牛角以相抵，汉造角抵戏，盖其遗制也。"这种"蚩尤戏"就是我国古代摔跤的雏形。

由此说，我国古代摔跤始于黄帝时代。公元前11世纪，周朝初年，摔跤作为练兵的一项军事课目出现。据《礼记·月令》记载："孟冬之月……天子乃命将帅讲武，习射御角力。"

春秋战国时期是奴隶社会向封建社会过渡的大变革时期，列强对峙，互相攻伐，战争频繁，作为军事训练的摔跤活动也得到广泛的开展。《公羊传》记载，宋闵公手下有一员大将叫长万，是当时闻名于世的大力士，由于宋闵公揭露长万曾被鲁师所俘，故"万怒，搏闵公，绝其脰"。结果，宋闵公被长万摔死。

秦汉时期，摔跤不仅是一种重要的军事训练手段，也是节日和宫廷的表演项目。秦统一六国后，进行了"车同轨、书同文"等一系列工作，同时也统一了摔跤的名称为"角抵"。

公元前140年，汉武帝时，摔跤活动又盛行起来。据《汉书·武帝记》记载，规模最大的有两次，一次是元封三年春，"作角抵戏，三百里皆来观"；一次是元封六年夏，"京师民观角抵戏于上林平乐馆"。

三国鼎立之后，曹操曾大力提倡摔跤活动，除把摔跤作为训练士兵的手段外，还列入百戏之内。在河南省南阳市出土的大块汉砖上也刻有角抵戏。

唐朝历经贞观、开元之治，国富民强，太宗皇帝李世民以隋亡为戒，选贤任能、虚心纳谏，社会经济很快得到发展，而讲武、习武的风气不懈，故摔跤在唐代的历史上蜚声一时，就连帝王也要上场助威，鼓舞士气。据史料记载，唐朝时，每逢元宵节和七月十五中元节均举行摔跤比赛，许多帝王不仅爱看，而且有的还是摔跤能手。唐朝末年，朝廷还建立了官办的相扑棚，搜罗和训练摔跤能手，入选者称为相扑人，每当朝会、宴聚、祭祀之时，相扑人专门进行摔跤表演。秦汉以来，摔跤的主要技术是较力量，并可以拳打脚踢，用擒拿的方法扭断手臂、腿脚，直至把对方摔死。

明朝万历年间出版的《万法宝全》一书中，就有古摔跤图样。当时把摔跤列为

战国壁画角抵

六御之内，作为军队作战训练的重要手段。据《明史·江彬传》记述，御史乔白岩和应天府丞冠天叙还很注重选材和采用针对性的训练方法，在战术上注意到以矮制长，这些无疑是对摔跤在选材、训练以及战术运用上的一大贡献。公元1638年，明朝官员陈元斌为了复兴明朝的天下，东渡日本，求援兵于德川幕府，结果求援未遂，留居日本，这样陈元斌就把中国武术和摔跤传到了日本，后经日本改革和发展，成为现在的相扑和柔道。

　　清朝用武力起家，入主中原，一直保持着尚武崇战的风气，加之清朝历代皇帝大力提倡摔跤运动，因而"布库"（摔跤的另一名称）之戏得以广泛传播。

汉武帝用摔跤手做保镖

公元前121年春，霍去病升为骠骑将军，率骑兵万人从陇西出发，进击河西匈奴右贤王（匈奴辖西部地方的最高长官）诸部，六天连续攻破五个部落，险些活捉单于（匈奴最高首领）之子，且以直取之势前进，使浑邪、休屠二王惊恐万分，日夜筑城防御汉军正面进攻。

这天，霍去病令全体将士口衔竹箭，马摘响铃，悄悄沿焉支山（今甘肃山丹县东南）东疾驰一千多里至皋兰山（今甘肃兰州南）下，与卢候、折兰二王进行短兵相接的肉搏战。当时，汉军因长途跋涉，人马已疲惫不堪，但见霍去病一声高呼，纵马向前，连连击杀敌军，汉军士气大振，奋勇斩杀卢候、折兰二王及部众近九千人，俘匈奴休屠王之子金日䃅。

虽然金日䃅是匈奴休屠王之子，但毕竟他是俘虏，自然再也不能享受王子的待遇了。金日䃅被霍去病带回长安后，总不能白养活着他啊，得给他找点事做才对，于是将他分配到皇宫的马厩养马。金日䃅为人实在，马厩里又脏又累的活都被他抢着干了，而且总是一副乐呵呵的样子。

后来，汉武帝急缺寝宫卫士，就把选拔招聘寝宫卫士的任务交给了霍去病。这可把霍去病这个"人事经理"给愁住了。虽然宫中的卫士不少，但是能够负责起皇帝寝宫安全的人却寥寥无几。这个职位的卫士不仅要绝对忠于皇帝，而且要武艺非同一般，并且随时有牺牲自我的精神。霍去病为了挑选这样的人才，可以说愁得吃不下饭、喝不下水，稍有疏忽，那将会关系到皇上安危与江山社稷的存亡。责任重大，霍去病不敢马虎，所以只要宫中有可能发现此人才的地方他几乎都去过了，可还是没有让他满意的人。

这日，霍去病边走边寻思着招聘寝宫卫士的事，不知不觉走进了马厩。

"拜见霍将军！"霍去病吓了一跳，抬头一看原来是金日䃅。金日䃅憨厚地笑着，脸上还沾着马粪。

霍去病突然眼前一亮，金日䃅难道不是最好的人选吗？虽然他是匈奴的王子，可他是绝对反战的，他不希望由于战争而使得人民生灵涂炭，甚至他还向父亲主张过向强大的汉朝学习，当今的大汉皇帝一直是金日䃅心目中的偶像。可是这一切都被他的父亲休屠王认为大逆不道。

霍去病赶紧上前将金日䃅扶起来，帮助擦掉脸上的脏物，问道："你愿意去皇帝的身边做事吗？"

金日䃅一听要让自己去偶像的身边做事，自然非常高兴，赶紧给霍去病磕头道："愿意！愿意！"

金日䃅就这样从马厩被霍去病带到了汉武帝的寝宫，虽然汉武帝心有疑虑，但是他又知道霍去病办的事从来没有让他失望过，所以悬着的心也就慢慢放下来了。

再说，金日䃅能够获得照顾皇帝的机会对他来说是无上的光荣，所以工作特别认真负责，每天晚上一动不动地站在汉武帝的寝宫外，眼睛连眨也不眨一下，别说伤害汉武帝的人想进寝宫，就连一只苍蝇想飞进寝宫都很困难。

可是，这个世界还是有胆大的人。

这天深夜，金日䃅如往日一般站在寝宫外面，眼角一扫，发现窗口闪过一个黑影。他心里一惊，不妙！且说这时迟那时快，他纵身一跳到了窗口，一把抓住黑衣人的胳膊，黑衣人一侧身一把雪亮的剑直向他的胸口刺来，他早有防备，身子一闪，黑衣人一个扑空，金他一个飞脚上去，只见那把剑从黑衣人手中飞了出去。此时，黑衣人手中无兵器，金日䃅知道自己胜算的把握更大了。黑衣人想逃，被金日䃅扑上前紧紧卡住脖子重重地将其摔倒在地。凭着他的力气一下子就可以将黑衣人的脑袋取下，但是为了留活口，好把这些贼子斩草除根，他一次次将想要逃走的黑衣人摔倒在地。此时，其他的卫士冲过来将这个黑衣人绑了起来。经过审问才知道此人是叛臣莽何罗派来的,想谋杀皇上。最后,汉武帝一举消灭了叛臣。

金日䃅护驾有功,很快被提升为汉武帝的托孤重臣。此时,人们才知道,金日䃅曾经不仅仅是名有勇有谋的将军,而且还是位摔跤高手。在擒拿刺客时,金日䃅正是发挥了自己摔跤的本领,才使得刺客无处逃生。

唐庄宗摔跤兑现封官职

后唐庄宗李存勖可以说是位文韬武略的皇帝，在五代十国那样的混乱局面中创建了后唐，实属不易。

李存勖做了皇帝之后，国家安定了、繁荣了，他自己也懂得享受了，做皇帝成了他的正业。他也逐渐增加了许多兴趣爱好，比如打马球、听戏曲、摔跤等。

当时后唐有位赫赫有名的摔跤高手王贤。于是，李存勖经常将他召进皇宫，让他与自己比赛摔跤。每次摔跤比赛都是李存勖胜，其实他根本不是王贤的对手，只是碍于皇帝的身份，王贤都故意让他多赢几次。

可是在李存勖看来，自己就是靠实力战胜"摔跤王"王贤的，连这样的高手都败在了自己的手下，那么自己可以说是天下第一摔跤高手了。

李存勖为自己成为天下无敌而洋洋得意。可是不久，他无意间听见大臣议论说自己之所以能够胜利那么多次，全是王贤谦让的结果。他心里极其不高兴，但碍于自己是皇上的身份也没有对大臣发火，只是装作没有听见，但他心里默默想着一定得好好地与王贤进行一次真正的摔跤比赛，看到底谁的实力强。

这天，李存勖又约王贤前来比赛摔跤。在比赛前，李存勖为了让王贤拿出真正的摔跤本领，看看大臣的议论是真是假，便对王贤说："王爱卿，你如果能够胜我一跤，我就封你为节度使。但是，如果你明明可以获胜，却故意让我赢，那就

唐代摔跤

是欺君之罪，你可想好了啊。"

王贤一听愣了一下，随之赶紧抱拳说："谢皇上！草民一定尽力。"

节度使官职的奖赏使得王贤极为兴奋，也就忘记了要让皇帝一手，拿出了全身的本事，一连数次将李存勖摔倒在地。这时李存勖才知道大臣们说得没有错，以前的胜利都是王贤让着自己的结果，自己根本不是他的对手。王贤也不愧为后唐的第一摔跤高手。

李存勖兑现了承诺，当众宣布："封王贤为卢龙节度使。"

李存勖从此再也不敢骄傲了，每当他做成功一件事的时候，他都觉得自己之所以能够成功是身边的人让着自己，就是身边的人没有人让着自己，也是全天下的人让着自己。李存勖明白了"天外有天，人外有人"的道理，更加谦虚谨慎地专心朝政了。

摔跤小子智擒逆贼鳌拜

清王室的满族也是十分重视摔跤的。满语称摔跤为布库。清王室提倡布库的目的有两个：一方面是为了训练士兵的力量和搏斗技术，"布库诸戏，以习武事"；另一方面也是为了和蒙古族诸王联欢。清太宗皇太极为了进军中原，极力加强和蒙古族诸王的团结，经常和诸王宴会。布库是两个民族共同喜爱的活动，于是就成为"肄武绥藩"的重要内容。

八旗军是清王室的基本部队，在八旗军中经常开展布库比赛，军中"分左右翼，令其角胜负，负者罚牛羊"，这就大大地推动了布库运动的开展。在清王室的贵族中也出了一些布库能手。

顺治初年，蒙古族的喀尔喀使臣来朝，按照惯例，在宴会时举行布库比赛，御前侍卫的布库能手都败在使臣手下。皇太极二兄代善之子惠顺王知道了，要求父亲准许他伪装成侍卫与使臣比赛："使臣与斗，应手而仆，世祖大悦，赏赉无算。"惠顺王这一年才满二十岁。

清王室的御前侍卫大都是布库能手，他们一方面可以保卫皇帝的安全，另一方面在宴会中随时可以叫出来比赛。康熙十六年扩大了布库侍卫组织，成立了善扑营。康熙为什么要组织善扑营呢？因为布库侍卫为他夺回政治权柄出了大力。

康熙八岁登基，朝廷的大权完全掌握在大臣鳌拜手中，鳌拜肆无忌惮，结党营私，根本不把年少的康熙皇帝放在眼里。康熙虽然气愤但却无可奈何，只能等自己长大些再铲除这个祸害。

转眼间，康熙已十五岁了，他很想除掉鳌拜，可是如今鳌拜的势力比七八年前更加强大和牢固，想铲除他就更难了。但是为了江山社稷，再巨大的困难也要解决，康熙决心要除掉鳌拜。

鳌拜不仅武功高超，而且党羽遍及朝廷，如果公然宣布抓捕鳌拜必然会酿成大祸。那怎么办呢？

康熙想出了一个很好的办法。他不露声色，在皇宫里面选取了几十个小太监整日在宫中练习摔跤，而且每次康熙也参加到摔跤的游戏中去，弄得自己满身泥土，大臣入宫奏事也不回避。

鳌拜看见康熙整日沉迷于摔跤游戏，心里特别高兴，放松了警惕，也加紧了篡权夺位的计划。可是鳌拜根本没有想到这是康熙给他设置的陷阱，正等他往里钻呢！

这天，鳌拜大模大样地走进朝堂，连康熙也没有跪拜，只是挑了把椅子坐下，对康熙大发牢骚，对自己不利的地方都被他统统认为不合理。康熙认为收拾鳌拜的时机到了，一改往日的和善和言听计从，手击龙桌大怒，鳌拜也被康熙反常的举动惊呆了，还没有明白是怎么回事，只听见康熙大声喊道："给我把逆贼鳌拜拿下！"

此时，埋伏在朝堂两侧的几十个经过练习摔跤的小太监跳了出来直扑鳌拜，抱头的抱头，抱腿的抱腿，搂腰的搂腰，很快将鳌拜制伏。

康熙立刻宣布鳌拜的数十条罪状，并将其党羽一网打尽，以迅雷不及掩耳之势解决了一场重大的政治事件，显示了其处理政务的才能。

有诗词这样描写这些摔跤能手：

布靴宽袖夜方归，
善扑营中个个肥。
燕颔虎头当自笑，
但能相搏不能飞。

象棋

象棋的历史

中国象棋有着悠久的历史。战国时期，已经有了关于象棋的正式记载，如《楚辞·招魂》中有"蓖蔽象棋，有六簿些；曹并进，遒相迫些；成枭而牟，呼五白些。"《说苑》载，雍门子周以琴见孟尝君，说："足下千乘之君也，……燕则斗象棋而舞郑女。"由此可见，远在战国时代，象棋已在贵族阶层中流行开来。据上述情况及象棋的形制推断，象棋当在周代建朝（公元前11世纪）前后产生于中国南部的氏族地区。

早期的象棋，棋制由棋、箸、局等三种器具组成。两方行棋，每方六子，分别为枭、卢、雉、犊、塞（二枚）。棋子用象牙雕刻而成。箸，相当于骰子，在棋之前先要投箸。局，是一种方形的棋盘。比赛时"投六箸行六棋"，斗巧斗智，相互进攻逼迫，而置对方于死地。春秋战国时期的兵制，以五人为伍，设伍长一人，共六人，当时作为军事训练的游戏，也是每方六人。由此可见，早期的象棋，是象征当时战斗的一种游戏。在这种棋制的基础上，后来又出现一种叫"塞"的棋戏，只行棋不投箸，摆脱了早期象棋中侥幸取胜的成分。

秦汉时期，塞戏颇为盛行，当时又称塞戏为"格五"。从湖北云梦西汉墓出土的塞戏棋盘和甘肃武威磨嘴子汉墓出土的彩绘木俑塞戏，可以印证汉代边韶《塞赋》中对塞戏形制的描写。

三国时期，象棋的形制不断地变化，并已和印度有了传播关系。至南北朝时期的北周朝代，武帝（561—578年在位）制《象经》，王褒写《象戏·序》，庾信写《象戏经赋》，标志着象棋形制第二次大改革的完成。

隋唐时期，象棋活动稳步开展，史籍上屡见记载，其中最重要的是《士礼居丛书》载《梁公九谏》中对武则天梦中下象棋频国天女的记述和牛僧孺《玄怪录》中关于宝应元年（762年）岑顺梦见象棋的一段故事。结合现在能见到的北宋初期饰有"琴棋书画"四样图案，而以八格乘八格的明暗相间的棋盘来表示棋的苏州织锦和河南开封出土的背面绘有图形的铜质棋子，可以得到这样的结论：唐代的象棋形制和早期的国际象棋有颇多相似之处。当时象棋的流行情况，从诗文传奇诸多记载中，都可略见一斑。而象棋谱《樗薄象戏格》三卷则可能是唐代的著作。

宋代是象棋广泛流行、形制大变革的时代。北宋时期，先后有司马光的《七国象戏》，尹洙的《象戏格》，《棋势》，晁补之的《广象戏图》等著术问世，民间还流行"大象戏"。

经过近百年的实践，象棋于北宋末定型成近代模式：32枚棋子，黑、红棋各有将（帅）1个，车、马、炮、象（相）、士（仕）各2个，卒（兵）5个。南宋时期，象棋"家喻户晓"，成为流行极为广泛的棋艺活动。李清照、刘克庄、洪遵、文天祥等文学家、政治家都嗜好下象棋。宫廷设的

"棋待诏"中，象棋手占一半以上。民间有称为"棋师"的专业者、专制象棋子和象棋盘的手工业者。南宋还出现了洪迈的《棋经论》、叶茂卿的《象棋神机集》、陈元靓的《事林广记》等多部象棋著述。

元明清时期，象棋继续在民间流行，技术水平不断得以提高，出现了多部总结性的理论专著，其中最为重要的有《梦入神机》、《金鹏十八变》、《桔中秘》、《适情雅趣》、《梅花谱》、《竹香斋象棋谱》等。杨慎、唐寅、郎英、罗顾、袁枚等文人学者都爱好下棋，大批著名棋手的涌现显示了象棋受到社会各阶层民众喜爱的状况。

朱元璋与橘梅的由来

元朝末年，残冬。梅谷主人王思义像往常一样，与众多弟子在农闲时出谷云游天下，寻访弈林高手。

王思义的祖先是南宋著名国手王安哥。王安哥在朝中任棋招待时，只悟棋艺，不谙让棋取巧之道，因此难得皇上垂青。被逐出宫后，以种橘为业。经多年苦心经营，橘园扩至千亩。无衣食之忧后，王安哥遂于橘园讲棋授徒。那时王安哥有弟子千余，其中堪称国手的不下数百。于是天下棋人养成习惯：凡通棋者，莫不自称橘园弟子，或与橘园弟子通好。那时候，不知橘园，不知王安哥，就像如今下棋的人不知胡荣华一样，深受下棋人的耻笑。

后来，南宋为蒙古所灭，建立了元帝国。蒙古人把王安哥和所有弟子逐出橘园，把橘园做了放马场。

蒙古人对中原文化极度蔑视，按照职业把人分为十等，而汉族知识分子位列第九，连娼妓都不如，对琴棋书画中的棋道，更是不屑一顾。为了不让象棋失传，王安哥把多年积蓄分赠众多弟子，令他们散居天下各地，传授象棋。自己带着老小和三四十个弟子，躲着元兵云游天下，四处讲棋。那天，他们无意中来到这个没有人烟，开满梅花，外人很难发现的山谷，便领着众弟子在这里定居下来，到王思义这代，已近百年。

梅谷三面环山，一面临河，山中鸟兽众多，河里鱼虾无数，如同家养，随意猎取。他们耕种渔猎，日出而作，日落而息。闲暇时研习棋艺，农闲时，由梅谷主人——王氏后裔率领众弟子出谷，去寻访原橘园弟子后人，切磋棋艺，取长补短。王思义的爷爷还以山野居士的名号，写出了元朝唯一一本象棋著作《游戏大全》。在蒙古人的高压统治下，象棋没有失传，其中也有梅谷人的功劳。

王思义一行人还没有走出梅谷，就看见了雪地上躺着一个小僧。他赶紧跳下马,和弟子们一起把小僧抬回家中。

　　冻僵的人不能近火、近温室,否则会逼寒气攻心而死。王思义按照祖先传下来的法子,把小僧脱得一丝不挂,放进注满冷水的马槽中,像北方人拨冻梨一样,一层一层往体外拨冰,拨出一层敲一层,忙活了半天,才把小僧体外寒冰清除干净。然后撬开小僧的口齿,给他灌了一口热热的老酒,过了一会儿,小僧终于醒来了,满头大汗的王思义才长长地出了口气。

　　养了几天后,小僧才能开口讲话,当王思义问小僧的来历时,小僧犹疑半天,才告诉王思义自己名叫丹玉,幼时父母双双死于瘟疫,便投入故乡濠州皇觉寺为僧。不久前闹民变,寺院被烧,他四处流浪到这里,腹空衣薄,若不是梅谷人相救,早已冻死谷中。

　　从此,丹玉还俗,在谷中住了下来,和人们一起种地、习棋和读书。

　　梅谷人不仅读棋谱,还建了很大的藏书阁,他们认为,只有通读诸子百家,才能更好地领悟象棋中的高深境界。

　　那时候的棋书,只有尹洙的《象戏格》、司马光的《七国象戏》、洪迈的《棋经论》等六本棋书。丹玉很快就把这些书背得滚瓜烂熟。谷中的藏书,他更爱读《孙子兵法》等兵书,他结合书中的战术、战理和战法,运用到棋艺里的杀招、杀势和杀法中,使自己的棋艺突飞猛进。

　　几年后,王思义按照祖上传下来的规矩,为已经成年的女儿王梅设棋擂招亲,令人瞠目结舌的是,来谷中没几年的丹玉,战胜了谷中所有青年棋手,成了王思义的东床快婿。

　　一年后,就在王梅生下儿子丹棋后的那月,王思义派出的十多名高手却只回来了一人,原来各地百姓不能忍受元政府的暴政,纷纷揭竿起义,那九名高手已死于兵祸。

　　王思义听后悲伤不已,忽若有所悟地问身边的丹玉:"你知道什么是小棋手和大棋手吗?"见丹玉一脸茫然,王思义便正色道:"你我便是小棋手,以棋为棋、枰为枰,争的是枰上胜负，虽可益智增慧，但太平年间犹为雅事，在此动乱时苦钻此道，未免有苟且偷生之憾，走的实在是兵卒百姓之棋。"

"那大棋手呢？"见丹玉问，王思义答道："以兵为兵、车为车，冲锋陷阵，决胜战场，以经天纬地之才，行安邦定国之事，救万民于水火之中，此大棋手也，行的是将帅之棋，如今天下，多需要这种大棋手啊！"

"不对！"不等王思义说完，丹玉便打断了他的话，"大棋手应以天地为枰，百姓为棋子，以天下兴亡为己任，建千秋万代之基业，以万民之心力，筑无形之长城，拒敌于国家的楚河汉界之外，弈的是天子之棋，这才是真正的大棋手！"

望着自己的女婿，王思义目瞪口呆，目光中竟有些恐惧……

几天后，丹玉悄悄离开了梅谷，为防路上元兵抓丁，重新剃光头发，身穿僧衣。

公元1368年，朱元璋平定了陈友谅、张士诚兵团后即位称帝，建立了汉人的王朝——大明帝国。

在朱元璋登基后第二天，王思义便集合所有梅谷中人说："世人没有下不完的棋，我们梅谷的快乐日子到现在完结了，今天收拾东西，明天就动身吧，如今天下已经太平，你们从哪里来，就回哪里去吧！"人们舍不得离开这世外桃园般的梅谷，便问谷主为什么。

王思义答道："也许几天，也许几年，谷中将遭大祸，你们以后会自知的。我虽然没有做错什么，但这次大祸因我而起，也是不可饶恕的。你们要骂就骂我吧，我留在谷中写完《象戏图》，做完我该做的事，也许就永远地回家了。"

人们走后，他只留下一名忠实的弟子，出谷为他打听消息，每天钻研棋艺，几年后，就在他把《象戏图》写完的时候，那天，那名弟子回来说，皇上在京城设一巨大棋盘，以八十余斤的青石为棋子，令众多弈林高手相互对弈，不少人累死枰中。声称若三年内不再有人下场弈棋，则下令天下从此永禁象棋。听到这个消息后,王思义便把写好的《象戏图》,和一封厚厚的书信,令弟子交给家人。打发走唯一相伴的弟子,王思义则孤身一人在谷中静静地等待着什么。

不久,就像王思义预料的那样,御林军团团包围了梅谷,结果只找到王思义一人,便用八抬大轿把他接进宫中,见了当今皇上,发现正是小僧丹玉时,王思义竟一点也不吃惊。

当年王思义把丹玉救活,问他叫什么名字时,从丹玉犹疑的口气中,王思义便知道他没有报真名,但王思义没有点破。翁婿那次对话后,丹玉离开梅谷,王思义便知他非池中之物。后来听一个棋友讲,一个和尚打扮、名叫朱元璋的人,投奔了起义军领袖郭子兴,由于才干过人,不久被提拔为元帅(古局《贫僧挂帅》,即典出于此),那时他就明白了,丹玉就是朱元璋的释义。通读史书的王思义,深知帝王鸟尽弓藏的凶残本性,所以早早遣散了梅谷弟子。见到自己昔日的救命恩人、岳父,朱元璋只是淡淡地问:"他们母子还好吧!他们和梅谷的弟子去了哪里?"

王思义回答说:"一滴水若想不被人发现,只能融进大海中。万岁,你放过他们吧,你的秘密只有我猜到了,我知道该怎么做。"

想起爱妻和儿子,还有那些朝夕相伴、情同手足的梅谷弟子,朱元璋的心中有些怆然。

那年郭子兴很赏识他的才干,当提出把好友的女儿马氏嫁给他时,他不是没想到美丽贤慧的梅儿,可他提醒自己要成就霸业,就不能儿女情长,于是成了长相不佳,但父兄手持兵权的马氏的丈夫。

在几十年的征战中,就像他把兵书上的谋略运用在象棋上一样,他也把象棋上的战略战术运用在治军中。那年,手上有几十万大军的时候,他想称王称帝,北伐蒙古人。当他把计划告诉谋士朱升时,朱升没有作声,只和他下了三盘棋。三盘都胜朱升后,朱升和他复了盘,看到三盘都是朱升布局时,后方各子还没走活，就贸然进攻，输棋是自然之事。于是他恍然大悟，便采纳了朱升的高筑墙、广积粮、缓称王的建议，积极屯粮积谷。消灭了张士诚、陈友谅，把他们的军队收为己有后，才正式发出："当此之时，天运循环，中原气盛当降生圣人，当驱逐胡虏、恢复中华，立纲陈纪，救济斯民"的号召，给了元朝帝国致命的一击……

"万岁为什么要禁绝象棋呢？"王思义问。

"如今天下方定，百姓应勤于耕桑，休养生息，方是富国强民之道。可喜弈者竟乐此不疲，荒废农耕，更有人以此赌博，败坏民风，不去此恶俗，天下怎安？"朱元璋答道。

从梅谷出来后，朱元璋生怕抛妻弃子再娶马氏的行为传世，更怕有人像自己那样悟出"行将之步，弈天子之棋"的棋道，所以他曾打算把梅谷弟子全部擒至京师软禁，然后彻底禁绝象棋。王思义心知肚明却不说破，端起茶杯说："咱们赌一下，这杯水我饮是不饮？"

坐在龙椅上的朱元璋反问："朕是站起来还是继续坐着？"二人对视良久，王思义才说："若论赌，天下万物皆可为赌具，岂能怪象棋？象棋是祖宗精血凝成的慧人之宝，我辈应将其发扬光大，泽及后人，岂可因己之念而戒之？为保象棋，明天我愿意在大棋盘上与万岁手谈一局。"

朱元璋大概也有些良心发现，动容地说："咱们还是用小棋子吧！"

王思义摇摇头说："你口述你的着法，双方着法都由我来走，我死之后，望万岁废去戒棋之令。"

第二天，在十丈见方的汉白玉棋盘边，王思义脱下鞋子，对坐在龙椅上的朱元璋说："我要先洗洗脚，我不想用污足践踏棋盘！"

洗完脚后，王思义对朱元璋说："丹棋也是个好棋手，善待棋手，善待你千千万万子民吧，因为那里面有你的亲生儿子！"

看着王思义大步地走进枰中，朱元璋的眼泪终于流了出来……

兵七进一，炮二平三……

在太监们尖得有些悲壮的唱棋声中，王思义搬动巨大的青石棋子，一步一步往前挪着，最后终于倒下了，口中的鲜血溅在洁白的汉白玉棋盘上，如雪地上盛开的一朵朵梅花。

王思义以身殉棋后，朱元璋废除了禁棋的号令，而且还鼓励他的儿孙们下棋，他的一个儿子朱权还编了棋书，可惜已经失传。他的另一个儿子、明成祖朱棣，在《永乐大典》中，还下令编了《象棋卷》。他的孙子、明仁宗朱高炽也是象棋高手，曾留下与状元曾子弈后的唱和之诗：

两军对敌立双营，
坐运神机决死生（曾子）。
等闲寻得军情事，
一着功成见太平（仁宗）。

而朱元璋与梅儿所生的儿子丹棋，率梅谷弟子重建橘园，看到朱元璋励精图治，乃有为之君，遂按外公书信所嘱，改丹姓为朱，但不愿巴结权门，一生隐居橘园钻研棋艺，崇祯年间他的后代朱晋祯，把历代先人心血整理成书，就是著名的《橘中秘》。明朝灭亡后，但朱姓后代所作棋书却留传至今，并且还将永远留传下去。

王思义的后人也继承先祖的遗志，代代习悟棋道，明朝灭亡后，为躲避战祸，他们沿着祖先的足迹重返梅谷，在谷中经几十年呕心沥血，写出了传世奇书《梅花谱》。

从此，天下遂以"橘梅"代表象棋艺术。

梁武帝入迷误杀棋友

公元502年，萧衍称帝，即为梁武帝，南齐灭亡，南梁建立。

梁武帝称帝之后，治理国家有方，人民安居乐业。安定的宫中生活让他有些乏味，后来逐渐迷恋上了下棋，并发展到废寝忘食的地步。梁武帝的棋艺在宫中无人能及，于是他在全国召集了一些棋艺高深的人进宫与自己切磋。

在这些人中有一位高僧，人称磕头师，棋艺极高。梁武帝信仰佛教，并多次舍身佛门，坐禅同泰寺。梁武帝对于高行的法师自然心存敬重，何况是一位难得的棋友。便经常传令中使，召磕头师入宫，论讲佛法，对弈相娱。无论磕头大师乐意不乐意，梁武帝坚持邀请。

这天，梁武帝心血来潮突然想下棋，于是赶紧让中使召磕头师进宫下棋，中使领旨之后，快步出了宫门。梁武帝下棋心切，着急地在皇宫御花园的走廊上走来走去，可是过了好一会儿还是不见磕头大师的到来。

恰好在这个时候有位大臣求见梁武帝，大臣奏完了事刚要离开，被梁武帝拉住了："来，来，陪着朕对弈一番。"

大臣不好推辞只好坐下陪梁武帝下棋。这位大臣的棋艺并不弱，一会儿梁武帝就忘记了周围的一切，全身心投入到对弈中去了。

此时，中使带着磕头师急匆匆地走进来向梁武帝奏道："磕头大师到。"

梁武帝正在对弈的兴头上，而棋局也正好进入高潮。梁武帝几乎屏息凝神想击败对手，哪里注意到中使的到来。

也巧了，正当中使再次奏道："磕头大师到"，梁武帝困惑了好久的棋局突然有了新的发现，他举起棋子向大臣杀去，兴奋劲头上的梁武帝嘴中大喊着："杀！"

中使听到梁武帝的"杀"以为是要杀了磕头大师，吓得大惊失色，但又不敢违抗命令，赶紧召来卫士，将磕头大师拖出去斩首。

磕头大师被拖了出来，他不解地问："这，这是怎么回事啊？"

中使也难为地说："这是皇上的命令。"

磕头大师没有再争辩什么，只是自言自语道："我没有罪，想必前生是沙弥，误杀了一条蚯蚓，而皇上真正是那条蚯蚓，今天来报仇索命的啊！"

很快，磕头大师被斩首。

中使回到梁武帝的身边小心翼翼地静静站着，一会儿功夫梁武帝以连胜大臣而宣告结束，他兴奋地站起来伸了一个懒腰，看见中使站在身后，便说："快，快，将磕头大师宣进来，我要和他接着对弈。"

中使一听扑通跪倒说："请皇上惩罚老臣吧！"

梁武帝有些惊讶地问："难道磕头大师没有来吗？"

中使结结巴巴地说："皇上，磕头大师已经被斩首了！"

梁武帝不解中有些生气："斩首？谁有这么大的胆子，竟敢斩磕头大师？"

"您不是下令让'杀'的吗？"中使胆战心惊地说。

"我何时让杀磕头大师了？"

"我带着磕头大师进来向您禀报'磕头大师到'，您说'杀'，老臣以为您下令将磕头大师斩了，不敢抗命，于是就推出去斩首了。"

"你……"梁武帝狠狠地瞪了一眼中使，快步走去后花园，只看见磕头大师已经倒地身亡。

梁武帝悲伤落泪："磕头大师，都是我害了你啊！"随命令将磕头大师厚葬，从此，梁武帝不再下棋。

投壶

投壶的历史

投壶活动在我国历史上非常久远，可能起源于上古时期的征战攻伐，在周朝时期已成为大型宴饮礼仪上的一项重要活动内容。它可能是承袭射礼而来，有着许多烦琐的礼节。后经秦汉时期的民间化，受民间宗教和道家求仙思想的影响，约在魏晋时期被纳入道家视野并成为道教仙境的文化象征。

投壶也是中国古代宴饮聚会时一种很有趣味的游戏。每次宴饮时，主人备好精美的壶，以及一捆投壶的箭。投壶活动时，主人站在一边，宾客依次手拿着箭，投向壶中，投中者以多为胜，最少者罚其饮酒。投壶一次接一次地进行，即便嗜酒如命的酒徒也挡不住一次次的罚饮，最后便会烂醉——任何有身份的人都不愿在此出乖露丑，都想在投壶中争胜。

最早记载投壶活动的年代是周朝。《左传·昭公十二年》记载："晋侯以齐侯宴，中行穆子相，投壶，晋侯先。穆子曰：'有酒如淮，有肉如坻，寡君中此，为诸侯师。'中之。齐侯举矢曰：'有酒如渑，有肉如陵。寡人中此，此君代兴。'亦中之。"《礼记》亦载有《投壶》篇，专记投壶的仪制礼法。

投壶活动在汉末融入宗教仪式，随着周王朝及其礼乐制度的逐渐衰落，秦汉以后逐渐在民间普及，出现游戏娱乐化倾向。帝王将相也常常进行投壶活动。汉代刘歆《西京杂记》卷五云："武帝时，郭舍人善投壶，以竹为矢，不用棘也。古之投壶，取中而不求远，故实小豆于中，恶其矢跃而出也。郭舍人则激矢令还，一矢百余反，谓之为骁。言如博之枭，竖于掌中，为骁杰也。每为武帝投壶，辄赐金帛。"这里描写了皇帝喜爱的情状。

西汉以后，投壶活动开始融入丧葬文化，成为宗教信仰仪式里一种对吉祥的隐喻表达。南阳汉画馆所藏的东汉《投壶》画像石，画面上中间有一壶，内有投中的两矢，壶左有三足樽，上有一把勺子供舀酒用，两边跪坐二人正在投矢，投壶场面的整体氛围和人物情状栩栩如生。

魏时，投壶活动依然不辍。据《艺文类聚·巧艺部》记载，当时的邯郸淳对投壶深有研究体会，作有《投壶赋》。《投壶》云："《魏略》曰：邯郸淳，字淑，作《投壶赋》千余言。奏之，文帝以为之，赐帛十匹。"但在这篇赋文里所记述的魏时投壶风俗已与《礼记》所载情况大不相同。

晋代，投壶活动更为流行，而且成为清谈玄学士人必会、贵族争相推崇的活动。由于投壶活动经常举行，以至高招迭出、高手众多。例如，隔着屏风投壶，《太平御览·晋书》曰：

东汉大将祭遵雅歌投壶图

"石崇有妓善投壶，隔屏风投之。"闭着眼睛投壶，《晋阳秋》曰："王胡之善于投壶，言手熟闭目。"其余如《王弼别传》曰："弼性和理乐游，解音律，善投壶。"《魏略》曰："游楚，好投壶自娱。"甚至以修身齐家而闻名的《颜氏家训》对此也有详细记载。

约在南北朝时期，投壶活动还传到了国外。《隋书》在介绍今朝鲜半岛百济的风俗时说："俗尚骑射，读书史，能吏事，亦知医药、蓍龟、占相之术……投壶、围棋、樗蒲、握槊、弄珠之戏。"

然而，从两汉到魏晋，投壶活动的最大转变是受到道教影响并在晋末基本完成道教化，成为道教文化的有机内容。

东汉晚期，随着道教的萌芽、产生和发展，投壶活动已经进入道教文化视野，在墓葬的观念中有深刻的表现。当然，在诗文歌赋中也有不少体现。

总的说来，投壶原本是一种雅礼，属于贵族阶层的高雅文化，真正广泛流播、普及到民间是在秦汉以降，但是其发展到顶峰阶段并在思想层次上发生新飞跃或增添新内容，却是在崇尚老庄、道玄大兴的魏晋时期，这不能不归功于道家思想和道教文化的强大包容性和持续创新性。

汉武帝用投壶进行赌博

投壶是古代宫廷贵族士大夫们宴饮会和日常活动的一种游戏。在他们看来，投壶不仅儒雅，而且是身份的象征，还很有技巧，因而有很大的趣味性。每当宴饮的时候，通过投壶来比赛，如果投中多者为胜，少者则要罚饮。

汉武帝在位的时候，宫中流行投壶游戏。在汉武帝的身边有一位投壶的高手，几乎每投必中。这个无与匹敌的投壶怪杰，就是和东方朔齐名的戏谑之臣郭舍人。

这天，汉武帝召集群臣一起宴饮，觥筹交错，好不热闹，为了能够让这次宴饮的气氛达到高潮，喝得有些微醉的汉武帝高声提议："我们来进行投壶比赛如何？"

群臣一听汉武帝这样提议，何乐而不为呢？都纷纷异口同声地说："好，这主意不错。"

于是，声势浩大的投壶比赛在皇宫展开了。汉武帝没有亲自参加投壶比赛，只是在群臣之间来回走动看热闹。

汉武帝看着看着就想施展一下身手，但是他知道自己虽然很喜欢，但是技术不是很高，曾经私下与大臣比赛失败过很多次。如果今天在这么多大臣面前失败，岂不是太没有面子了吗？

汉武帝思来想去却经不住诱惑，突然，他想到一个人，这个人就是郭舍人。此人是投壶高手中的高手，何不让他替自己投壶呢？

有了这个主意，汉武帝又大声对群臣说："你们玩，我不能就这样眼巴巴看着啊！这样吧，我和你们比赛投壶，当然不是由我亲自投壶，由郭舍人替我。怎么样？"

群臣一听连声赞道："我们愿意和皇上进行投壶。"

此时，一个醉醺醺的大臣赶紧说："皇上，不行啊，我已经失败很多次了，都快喝成个大酒缸了，如果我和您比赛，我还是失败无疑，到时候如果我不喝您的酒是欺君，如果

投壶 79

喝酒，那我非得醉死在这里。"

这位大臣的话语得到了一些投壶弱者的赞同："是啊，今天玩得太高兴，都快回不了家啦！"

汉武帝想了一下说："这样吧，这次我们不喝酒，还是赌物。如果我输了，我给你们金帛百匹，如果输了你给我金帛百匹，怎么样？"

大臣都一致同意了汉武帝的提议。

于是，汉武帝和群臣的投壶大战便开始了。

只见这些大臣投矢入壶之时，为使矢不致反弹出来，壶中都得实以小豆；而汉武帝代表队的郭舍人则不同，他不仅能准确地投矢入壶，还能让竹矢落入壶中再反弹回到手中，而且百投百中，没有一次落空。

最终，以郭舍人的多次胜利，宣告汉武帝的胜利。于是，群臣便拿金帛赔给汉武帝。汉武帝为了感谢郭舍人，便将自己赢得的金帛分给他一些作为感谢。

汉武帝看着大批的金帛到了自己手中，心中就别提有多高兴了。

汉武帝也因此迷上了投壶赌博，渐渐地也被达官、显贵和士大夫接受，甚至于武臣宿将也迷上了投壶赌博。

于是，整个宫廷上下一片投壶声。无论是在朝堂还是在朝下，大臣们都会议论投壶之事。

竟陵王上朝迟到的理由

南北朝时期，南齐竟陵王萧子良喜爱上了投壶这种游戏，并且到了如痴如醉的程度。只要朝中没有事，他便在家邀请一些朋友玩投壶，甚至整个整个通宵地玩。于是，很多溜须拍马的人便经常陪着竟陵王玩。

有一天，徐公公疾步走进了竟陵王的院子，只见一群人围在一起投壶，徐公公咳嗽了好几声，那些人才反应过来，赶紧过来拜见徐公公。徐公公清了清嗓子道："竟陵王听旨，皇帝让你即刻觐见。"

竟陵王领旨之后便轻声问："徐公公，不知道皇上宣我进宫有何要事？"

徐公公有些不耐烦，显然与刚才的怠慢有关系，没有好气地说："你赶紧进宫不就知道了吗？"

竟陵王赶紧穿戴朝服，进宫去见皇帝，一路上还在琢磨皇帝召见自己有什么重要的事。

竟陵王一会儿工夫就来到了皇宫，刚一进宫门就看见围着一大圈人，他觉得好奇，挤过去一看，原来是大臣柳恽正在玩投壶游戏。竟陵王突然来了兴趣，可是皇上还等着自己呢！但是他舍不得离开这里，本来徐公公的到来就打扰了他投壶的兴致，现在看到大臣们又在玩投壶，他默默地告诉自己，稍看片刻便去见皇帝。柳恽在宫中是出了名的投壶高手，难得见到他投壶。此时，柳恽越表演越精彩，竟陵王越看越不想离开。

这时，柳恽也看到了被人挤得几乎趴在地上的竟陵王，便上前道："竟陵王，听说你也是爱好投壶之人，为何不上前我们互相切磋一下呢？"

竟陵王笑着说："我和你相比差远了，怎么敢在你面前献丑呢？"

柳恽一把拉过竟陵王说:"我们不用赌钱赌酒,就是玩玩罢了!如果你觉得我有什么值得学习的地方,我也可以教你啊!同时,我也可以向你学习你的投壶技术啊!"

竟陵王一听柳恽如此说,便将自己在投壶中出现的问题一一告诉了柳恽,柳恽耐心地帮助他解答这些问题。

竟陵王顿时豁然开朗,在和柳恽接下来的比赛中,竟然胜了柳恽几次。

柳恽便夸奖了竟陵王一番,随口问道:"你不是大忙人吗,怎么今天跑到这里来了啊?"

柳恽的一句话,让竟陵王顿时出了一身冷汗,他刚才只顾着玩投壶,竟然把皇上召见自己的事给忘记得一干二净。他转身就跑,口中不停地重复着:"坏了!坏了!……"

柳恽拉住竟陵王说:"再玩一次啊!总不能刚学会了技术,就忘记我这个师傅了吧!"

竟陵王苦笑一下说:"我必须得赶紧走了,要不皇上得砍掉我的脑袋了。"

柳恽一听竟陵王要去见皇上便不再拦他。竟陵王一路飞奔向皇宫跑去,心里也不停地打鼓,本来皇上召见自己肯定有急事,而自己却由于贪玩耽误了时辰,该怎么办呢?竟陵王想出了很多对付皇上的办法,最终都被否决了,看来只能实话实说,任凭皇上惩罚了。

齐武帝看着竟陵王急匆匆地跑进来,生气地问道:"让你即刻觐见,为何迟迟不见你的到来?"

竟陵王扑通一声跪倒在地说:"请皇上恕罪,臣本是来得很早,可是进宫门之后看见柳恽在玩投壶,经不住诱惑便过去看他投壶,本想只是看一下,可是他表演得太精彩了,臣只好也掺和进去了,谁知道就忘记了时辰,所以……"

"难道投壶比见我还重要吗?"很显然,齐武帝很生气。

"当然是见你最重要,只是投壶太精彩了,我看得入迷了,忘记了时间。"竟陵王跪在地上低着头对齐武帝说。

"有多少精彩能够让你忘记时间、忘记朕呢?"

"此游戏也许只应天上有。"

齐武帝一想到自己是真龙天子,怎么不知道有这样好玩的游戏,他生气地说:"你表演让我看看!"

竟陵王只好在朝堂上表演投壶,齐武帝在一旁观看。起初,齐武帝带着几分生气想为难竟陵王,可是没有想到竟陵王越表演越精彩,齐武帝越看越入迷。齐武帝竟忘记了自己是在朝堂上,时不时为竟陵王鼓掌呐喊。

当竟陵王表演完毕,赶紧跪在地上等待齐武帝处置时,齐武帝笑了笑,让竟陵王平身说道:"这样精彩的游戏,我都入迷了,你能不入迷吗?今天不但不惩罚你,还要奖赏你美绢二十匹,你以后经常来宫中教我玩投壶。"

竟陵王跪谢道:"谢皇上。不过皇上你急着召见我,到底有何要事?"

齐武帝笑道:"哈哈,现在已经没事了,已经没事了!"

原来,齐武帝一个人在宫中待得极其无聊,突然,想找竟陵王说说话,于是派徐公公急速召见竟陵王,没想到竟陵王竟然迟到了近两个时辰。正当齐武帝打算好好惩罚一下竟陵王的时候,看到了他精彩的表演,齐武帝的一切烦恼便荡然无存了,于是立刻喜欢上了这种游戏。

此后,随着齐武帝学会了投壶,也带动了其他一些大臣、贵族以及后宫的人学习投壶。

骑射

骑射的历史

关于骑射的起源，说法不一，但关于最早骑射却有详细的记载——胡服骑射。

周赧王八年（前307年）春，赵国国君赵武灵王进行军事改革，他令军民改穿胡服，学习骑射。当时赵国北方居住着胡人游牧部落，他们在与赵国军队作战时都使用骑兵。胡人身穿短衣、长裤，骑马奔跑、开弓射箭都十分方便。当时赵国军队兵器虽然比胡人精良，但多是步兵和战车混合编队，官兵穿着长袍，行动远不及胡人灵便。赵武灵王决心向胡人学习，他不顾贵族官僚的反对，发布了"胡服骑射"的命令。由于胡服确实穿着方便，很快受到国民的欢迎。在提倡改穿胡服成功后，赵武灵王接着又训练了一支强大的骑兵部队。赵国不断开拓疆土，成为战国七雄之一。赵武灵王一方面提倡有利于生活和武备的胡人方式，另一方面加强了对胡人侵扰的反击，修筑赵国长城就是措施之一。赵武灵王实行的"胡服骑射"既是中国历史上的一次服饰改革，也是中国战争史上的一次革命。

宋代基于军事需要，也非常重视射术和武艺。"诸军排阵作迎敌之势，……试弩射弓。"（《梦梁录》）宋元丰元年（1078年），在宋神宗钦定的考核士卒武艺的标准《元丰格法》中，对步射、马射、弩射应达到的等级均有详细规定。挽弓、蹶弩既是军事技术演练，也是锻炼身体的有效方法。沈括《梦溪笔谈·辩证》载："……今之武卒蹶弩有及九石者，计其力乃古之二十五石。比魏之武卒，人当二人有余。"这表明，由于加强弓弩技术的训练，武卒的力量较战国时期增强许多。

宋时民族矛盾尖锐，北地边民为抗御辽金南侵，组织了以习射为主（兼习诸般武艺）的"弓箭社"。北宋官府利用民间武力抗金，一律加以扶持。据《宋史·职官志》载，设"提举弓箭手，掌沿边郡县射地弓箭手之籍，及团结、训练、赏罚之事"。又《宋史·兵志》载，宋神宗熙宁三年（1070年），定州知州滕甫奏请"令募诸色公人及城郭乡村百姓有武勇愿习弓箭者，自为之社"。苏轼任定州知州时，肯定"弓箭社实为边防要用"，加以提倡。据苏轼于宋元祐八年（1093年）所作的调查，定、保两州就有"弓箭社五百八十八社，共计三万一千四百一十一人"，约占该地总人口的七分之一。

南宋时，临安也有弓箭社组织，据《梦梁录》载："有射弓踏弩社，皆能攀弓射弩，武艺精熟，射放娴习，方可入社。"可见南宋和北宋均有这种民间习射的社团。

辽金元的统治者历来重视骑射，每逢重大节日，多举行各种骑射活动。据《续文

壁画骑射图

献通考·乐考》载，辽时有"射兔"活动，以木雕刻一兔为靶，分两组驰马射之，先中组为胜，败组下马向胜组进酒。该书又谓，金有射柳之戏，"重五日，插柳球场为两行……驰至以无羽横镞箭射之，既断柳又以手接而驰去者为上"。

元以骑射立国，以弓矢为作战的重要武器，其骑技、射术都有很大的发展。

赵武灵王的胡服骑射

战国时赵国，地处山西中部、陕西东北和河北西南的多山丘陵地带，初为七雄之一，国力并不强盛。因此，东方和北方的林胡、楼烦和近邻的中山国，都虎视眈眈地想随时吞并它。

就在这个关键时刻，一位新的皇帝登基了，这位年轻有为的人就是赵雍——赵武灵王。

在国家生死存亡的关键时刻，赵武灵王深深感觉到了自己肩上的责任重大，稍有不慎江山就有可能断送在自己手中，可是采取什么办法才能使得国家避免这场灾难呢？

赵武灵王性情豁达，善识时务。他认真分析了当年国内外的形势，他觉得自己国家的弱势在于国家的发展跟不上时代的变化，尤其是武器装备方面，别的国家都是用长枪短炮，自己国家依旧用大刀长矛，怎么能战胜敌人呢？

于是，赵武灵王提出了军事改革，要求改穿胡服，苦练骑射。

赵武灵王这一改革策略一提出就遭到了一些墨守成规的大臣的强烈反对，认为赵武灵王这是"疑事无功，疑行无名，乱儒礼，毁王业"。

赵武灵王严肃地告诫他们："要想让赵国强大，兴旺祖宗留下来的家业，靠传统的战车方阵，靠我们穿着宽大的战服，怎么能够战胜敌人呢？要想制伏敌人，必须学会敌人的战术，懂得敌人的战术，我们才可以预防敌人，利用敌人的战术进攻敌人，才可以变不利为有利，轻装上阵，这样才能保得住国家。"

可是，无论赵武灵王怎么劝说，大臣们还是强烈反对："这是老祖宗留下千年的传统了，如果今天突然废弃了这一切，难道不是忘祖吗？是大逆不道啊！"

赵武灵王问："如果我们把自己的江山送给别人，就算对得起祖宗吗？我们的敌人在我们的土地上任意践踏，就是对得起祖宗吗？"

赵武灵王坚定地说："不管后人怎么嘲笑我，我必须改革！"

第二天，赵武灵王上朝的时候没有穿龙袍皇冠，而是换成了紧身细腰、轻便利落的胡服，并手握射雕巨弓。群臣一见，哭笑不得。

这时，赵武灵王的叔叔站出来说话了："你穿你的胡服，我穿我的儒家衣服，从此，你别理睬我，我也不理睬你！"

赵武灵王其实心里非常明白，这个改革是有点突然，大家肯定需要一个接受的过程。于是，赵武灵王并没有生气，而是立刻令人拿出胡服来，送到叔叔面前。赵武灵王劝说叔叔穿上胡服："叔叔，你作为我的长辈，也跟随父皇闯下了这个江山，难不难、艰辛不艰辛你心里比谁都清楚，现在敌人都对我们虎视眈眈，稍微出点差错，我们就成为阶下囚了。你作为皇室一员，应该从大局着想，为国家着想，为子民着想，将那些守旧的东西抛弃掉，现在我们国家比较弱，只要能够有打败敌人的办法，我们都得尝试一下。难道我们要做被后人唾骂的千古罪人吗？"

赵武灵王的叔叔听了有些不好意思，赶紧将胡服穿在了身上。

变革胡服的胜利，导引了骑射之风的盛行。举国的兵士和猎手都穿上轻便利索的胡服，跟着赵武灵王在山林丘陵中练习，骑马射猎技术日趋熟练，赵国土地上出现了第一支轻骑兵。在后来的作战中，赵国东破林胡，西败楼烦，灭中山国，领土拓展到燕、代之地，成了七雄中的强国。从此，作为战事的骑射技术在诸国广为传播。

这一战术史上的重要创造，直到汉代都备受重视，训练骑兵仍以射猎为它的基本方法。因此，不少汉画石刻都生动地记录了这光辉的形象。

子濯孺未引弓活命归

春秋战国时期，郑国与卫国展开了激烈的战斗。郑国派大将子濯孺率兵作战，子濯孺是郑国的骑射能手，在大大小小的战争中，只要他出征没有不胜利的，而卫国派出的大将是善射的庾公之斯。

正当双方对峙准备开战的时候，子濯孺搭箭拉弓，此时意外发生了，他突然感觉右臂无力拉开弓了，他试了好几次，都没有能够拉开弓。他心里着急万分，认为必死无疑了。

于是，为了保全性命，子濯孺转身命令士兵赶紧撤退。而他自己在士兵的最后面，一边拦挡庾公之斯的进攻，一边撤退。

庾公之斯一看子濯孺撤退，便发出了号令："给我追啊！"顿时，庾公之斯和他的士兵如疯了一般向子濯孺扑过去。

子濯孺看着声势浩大的士兵扑向自己，知道自己的抵挡毫无作用，便问自己的车夫："这位猛将是何许人也？"

车夫说："他就是卫国大将，善射的庾公之斯。"

子濯孺听完大笑道："不用急着赶马了！"

车夫不解地问："为什么啊？现在逃命都来不及了，还敢放慢马车？"

子濯孺笑道："庾公之斯是跟尹公之他学骑射的，而尹公就是我的学生啊！而且尹公之他是个品行端正的人，他招收的学生，肯定也是道德高尚的人，不会乘人之危的。"

车夫有些半信半疑地看着子濯孺。

这时，庾公之斯快马加鞭已经追赶上了子濯孺，他大声说："你是我的祖师爷，我不会用向你学习来的射法来射你的，但是今天的战争是各为其主，我不能不听君主的命令。"

正当子濯孺不解的时候，只见庾公之斯打转马头往回跑了数丈远，转身拔出身上的箭，砸掉箭镞，搭上弦，向着子濯孺射出，那支断了箭镞的箭，在距离子濯孺很远的地方就掉了下来。

子濯孺和他的士兵安然无恙地返回了郑国。

世界最早奖杯的诞生

公元534年，魏孝武帝拓跋脩在洛阳华林园举行射箭比赛。

这次射箭比赛的奖品是可以容纳两升的大银酒杯，由于奖品丰厚，来参加比赛的将士很多。比赛的规则是这样的：将这个大银酒杯悬挂在百步之外，让参赛者进行射击，如果谁射中了这个大银酒杯便归谁所有，每人只允许发五箭。

比赛开始了，憋足了劲的参赛者看着漂亮的大银酒杯就挂在自己眼前百步的地方，拉满弓，闭上一只眼睛，瞄准酒杯射了出去，感觉可以百发百中，可是每次都差十万八千里。

第一个人五箭落空，第二个人五箭落空，第三个人……眼看来参赛的百人几乎有过半的人都落空了，在一旁观看的魏孝武帝拓跋脩着急了，难道魏就没有一个善射的人才吗？他在默默感叹之余，只能静静地看着比赛。

此时，人群挤进一个人，他叫拓跋顺，他并不是来参加比赛的，而是来看热闹的。那些没有射中的人好像并没有觉得有什么遗憾的，反正大家都没有射中，自己没有射中也在情理之中。

拓跋顺看了看悬挂在远处的大银酒杯实在招人喜欢，如果自己能够射中就好了，那个大银酒杯就属于自己了。可是拓跋顺目测了一下距离少说也有百步，他自己心里也没有射中的把握。

这时，所有的参赛者都射完了，那个酒杯还是悬挂在原来的地方，这让魏孝武帝拓跋脩很生气，看来魏国的确没有这样的人才，他顿时觉得很痛心。可是总不能让自己拿出来的酒杯，就这样完整地拿回去吧！

于是，拓跋脩站起来高声说："你们还有谁想参加比赛，我再给你们一次机会。"

顿时，下面一片鸦雀无声，谁都不敢再搭弓拉箭了。突然，拓跋顺有了一个主意，自己为何不参加呢？即使失败了也无所谓。

拓跋顺说："让我试一下！"

虽然拓跋顺的声音很小，毕竟他还没有十足的把握，可是在这安静的场面衬托下，他的声音显得那么洪亮。

魏孝武帝拓跋修心里一惊，问道："你叫什么名字？"

"我叫拓跋顺。"

"好，给他五支箭。"

拓跋顺搭好弓，瞄准大银酒杯毫不犹豫地松开了手，全场的人都屏气凝神，目光顺着箭飞出去的方向看去。只见大银酒杯火花一闪，接着一声清脆的敲击声传遍了整个赛场，在场的人一片欢呼。魏孝武帝拓跋修的心里更是激动，立刻命令将大银酒杯拿下来，亲手将大银酒杯送到了拓跋顺的手中。

拓跋脩的那个高兴劲就别提了，在那么多人都没有射中的情况下，他仅仅一箭便射中了。

拓拔顺小心翼翼地将这个大银酒杯捧回了家。为了纪念自己的这次成绩，他在大银酒杯的下面铸造了一个童子足踩莲花，并将得奖过程刻录在童子的背上。因此，这个大银酒杯成了世界体育史上最早的奖杯，即使到了现代，依然延续着古代奖杯的风格。

樗蒲

樗蒲的历史

樗蒲是古代博戏之一。博戏中用于掷采的骰子最初是用樗木制成,故称樗蒲。又由于这种木制掷具系五枚一组,所以又叫五木之戏,简称五木。但是也有人根据宋郑樵《通志·草木略》"樗似椿……叶脱处有痕,为樗蒲子"的记载,认为樗蒲之得名,系由樗叶脱处所留痕迹而来,所以五木骰子又被简称为"齿",掷得采名称为"齿采"。

类似于现在的飞行棋,樗蒲所用的骰子共有五枚,有黑有白,称为"五木"。它们可以组成六种不同的排列组合,也就是六种彩。其中全黑的称为"卢",是最高彩;四黑一白的称为"雉",次于卢;其余四种称为"枭"或"犊",为杂彩。掷到贵彩的,可以连掷,或打马,或过关,杂彩则不能。

关于樗蒲的起源,也有争议。据东汉马融《樗蒲赋》记载,这种博戏的发明者为道家学派的鼻祖老子,后来老子(字伯阳)西出函谷,在远离故乡的日子里,就常以此戏排遣惆怅，故谓"伯阳入戎，以斯消忧"。晋代张华在《博物志》中亦称"老子入胡作樗蒲"。对此，有人猜测樗蒲原先流行在西域地区，大约自西汉时期随着中西交流而传入中原。由于来自西方，于是出现老子入西戎而制樗蒲的传说。但是也有人认为樗蒲是从六博演变而来，所谓"老子入胡作樗蒲"，只是为抬高博戏身价而已。

由相关的史料可知，樗蒲之戏大体可分为行棋和不行棋的两种，不行棋的樗蒲，就是纯粹以掷五木看得采来判别胜负，其原理就像掷骰子。根据程大昌《樗蒲经》记载，这一组五枚用木头斫成的掷具，都是两头圆锐，中间平广，像压扁的杏仁。每一枚掷具都有正反两面，一面涂黑，一面涂白，黑面上画有牛犊，白面上画有野鸡。行赌时，将五木同时掷出，任其转跃后躺倒，然后看其由朝天一面配成的不同排列组合，即所谓"采"。其中五枚全黑，称"卢"，是最高的采，四黑一白为"雉"，是仅次于"卢"的好采，俗称赌博为"呼卢喝雉"，出典就在这里。以下如三黑二白、二黑三白、一黑四白乃至五枚全白等，皆有名称，全白尤为恶采。而据唐李翱《五木经》记载，还有一种五木的形制，五个黑面中只有两枚画上牛犊，五个白面中只有两枚画上野鸡，这样便有了黑、白、犊、雉四种图案，从而使排列组合的种类相应增加，如全黑为"卢"，得采十六；二雉三黑为"雉"，得采十四；二犊三白为"犊"，得采十；等等。

关于对局，有两人对局和多人对局的不同说法；关于赛制和玩法，更有掷采行棋、打马过关乃至讲究排阵布势、精密计算等多种说法。

樗蒲

樗蒲场上识辨人心

今夕何夕岁云徂，更长烛明不可孤。
咸阳客舍一事无，相与博塞为欢娱。
冯陵大叫呼五白，袒跣不肯成枭卢。
英雄有时亦如此，邂逅岂即非良图？
君莫笑，刘毅从来布衣愿，家无儋石输百万。

这首《今夕行》写的是旅途之中，一群人在客舍里玩樗蒲的场景，诗句豪放热烈。诗中提到的刘毅，是南北朝时期的名将，少有大志，性情刚猛武断，身为武将的他并不富裕，却很喜欢赌博，而且出手极为阔绰。

宋武帝刘裕在即位之前是一个不折不扣的大博徒。刘毅就是刘裕博场上的好友之一。刘裕即位之前就和刘毅多次进行樗蒲较量，即位以后两人经常在宫中的博局中畅快拼杀，有时争执得不可开交。

有一次，刘毅和刘裕等人在东府玩樗蒲，赌注下得非常大，一掷之间输赢达到百万钱。

在关键的一局中，众人都已经掷过，掷出的最好的结果是"犊"，即三枚普通骰子同时呈现白色的一面，另外两枚刻花的骰子同时呈现黑色的一面，也就是刻有牛的那一面，彩为十。

刘毅拿过骰子先掷，结果掷出的是"雉"，即三枚普通骰子都呈现黑色的一面，另两枚刻花的骰子同时为山鸡的一面，从颜色上看也就是白色的一面，为十四彩。

刘毅一见，高兴得忘乎所以，撩起衣服绕着大床一阵猛跑，一边对众人大声喊道："哈哈！不是我掷不出'卢'，是我不想掷出'卢'来，掷出这个'雉'就赢定了！"

刘裕在一旁面色难看，心里很不痛快，揉搓着手里的五枚骰子说："那老兄就替你掷出一个'卢'。"嘴里说着，撒手把骰子掷出去。

骰子落入盘中，其中四枚骰子翻转几下之后都现出黑的一面，只有最后一枚骰子还在不停地翻转。众人屏气凝神，死死地盯着那枚骰子。

只听刘裕冲着那枚骰子大喝一声，骰子终于停了下来，显出来的恰恰就是黑的一面。五枚全黑，也就是"卢"，彩值则为最高的十六。

刘裕赢下了这一局，刘毅脸色变得非常难看。

但刘毅不想就此罢休，立刻对刘裕提出要求："这次你赢得我的钱，我没有钱再玩了，你将你的钱分一半给我，我们接着再玩。"

刘裕只好将自己赢的钱分给刘毅一半。

刘毅先掷骰子，只见骰子转了半天，停下来显示的是"雉"，他兴奋得狂欢起来。刘裕看见刘毅得意忘形的样子，有些讨厌。于是，刘裕说："我们就到此结束吧！"

刘毅一听不高兴了，一把拉住刘裕的胳膊道："不行，我刚刚手气才来，你就走啊！我最少也得将输给你的钱赢回来啊！"

刘裕只好再次坐下来掷骰。刘毅以为这次自己会赢的，于是将自己所有的钱都赌了进去。刘裕显得很沉着，当骰子停下来的时候，众人一看是"卢"，刘裕再次赢了，刘毅显得极其失望。

刘毅的野心在博局上显露出来，后来二人反目成仇，刘毅终遭征讨，并彻底消亡。

樗蒲千金换得忠心

北周的开国皇帝宇文觉爱把贵重的物品赏赐给部下，以此增进情谊，樗蒲便是部下们竞争赏品的工具。

这天，南梁的余绪、后梁主萧詧进献了一座玛瑙钟，雕刻精细，美奂绝伦。文帝宇文觉看着都喜欢，他相信群臣们也喜欢，于是他拿着钟对丞郎们说，谁能掷樗蒲先得"卢"者，便将钟给谁。

丞郎们感激不尽："谢皇上。"然后，他们跃跃欲试。但可惜的是，一一失败。

轮到大臣薛瑞，薛瑞先诚恳地说："我不是为了玛瑙钟，只是想对皇上表示忠诚。如果我得了'卢'，表示我对皇上忠心；如果没得'卢'，臣愿意以死来表达忠心。"

薛瑞不慌不忙地拿起骰子，连掷五子，皆黑得"卢"。群臣立即上前向薛瑞祝贺，宇文觉将玛瑙钟送给了薛瑞。宇文觉虽然有些心疼，但他却得到了一位忠心自己的大臣。

还有一次，文帝宇文觉解下自己衣服上的金带，对近侍们说："谁先得'卢'，就给谁。"

众多近侍争先恐后，一轮过去了，还是没有人得"卢"。

到了大臣王思政，他决定以性命孤注一掷，立下死誓："微臣尽心效命，上报知己之恩；如果天感此诚，就一掷得'卢'，如果内怀不尽，神灵也自明了，就当杀身谢罪。"

王思政说着，拔出剑放在自己的膝盖上，拿过樗蒲投掷。

文帝宇文觉一听，对爱臣发下如此誓言有些担心，毕竟这只是一次游戏罢了，如果因此失去如此忠心耿耿的大臣实在太可惜了。

宇文觉赶紧上前阻拦王思政，只听见樗蒲落地的声音，再一看结果已经很明朗了，仅仅一掷就得了"卢"。

王思政得到了金带，文帝以此千金换得了忠心。

樗蒲徒著血书警世

在唐代末期，有一个叫屈突仲任的人，力大无比。因为在家中是独生子，从小就娇生惯养，任性而为，平日不务正业，只知道一味玩樗蒲。

屈突仲任的父母一辈子省吃俭用，就希望自己唯一的儿子能够争气，没有想到儿子却是这个样子，两位老人气得常常捶胸顿足。屈突仲任小时候不听话，父母还能打他，可是随着他任逐渐长大，力气越来越大，父母的话他根本不听，而且玩樗蒲的排场越来越大，输的次数也越来越多，经常输光了钱后任回家逼着父母给钱，如果父母不给钱，他还打父母。

这年，屈突仲任再次向父母要钱去玩樗蒲，父母气得双双而亡。这可把屈突仲任高兴坏了，一方面是由于父母节俭积累下了一笔丰厚的家产，二是从此玩樗蒲再也不会有人阻拦自己了。

屈突仲任从此更加放纵自己，整日里，樗蒲赌博，好不痛快，几年下来就把家中的积蓄悉数荡尽。

到了这种地步，屈突仲任应该收手才对，可是他还是旧习难改，照旧去玩樗蒲。手中无钱，就开始变卖家中的田地，拆卖屋宇，最后只给自己剩下了一间大屋子，家中的仆役婢女们也是跑的跑、卖的卖，身边只剩下一个小童。

这个小童也是一身力气，两人一拍即合，索性干起了偷窃的营生，每天夜里跑到几十里外，专盗牛马驴骡之类的大牲畜。如果遇到的是牛，他们上前去用力扳住牛角，把牛背到背上；如果遇到的是驴马，就用绳索套住脖子，照样背到背上。一路跑回家去，背上的牛马也早已经断了气。

主仆二人靠着这种营生过了十几年，后来屈突仲任大病一场，死而复生，从此良心发现，金盆洗手。

屈突仲任在路边搭起一间茅草屋，整天坐在里面以针刺臂，用自己的血书写经文，忏悔自己曾经的各种罪行，路人经过那里，看他年迈枯瘦，脸上一派虔诚，都忍不住会施舍些钱粮给他。

　　玩樗蒲有胜有负，也有许多人从樗蒲上得到好处，甚至因为樗蒲而捡了一条性命。

水嬉

水嬉的历史

水嬉，是指水上游戏。其形式很多，如歌舞、竞渡、杂技等，主要以游泳为主，还有滑水、跳水、龙舟赛等。

水嬉的起源比较早，在《易经》"泰卦"中有这样一条爻辞："包荒，用冯河，不遐遗。""包荒"即葫芦，"冯河"指渡江，意思是说，把剔空的葫芦绑在身上渡河，不致沉入水底。中国最早的一部诗歌集《诗经》中还出现了描写游泳的诗句："就其深矣，方之舟之。就其浅矣，泳之游之。"遇到水深的地方就乘木筏或乘船摆渡过去，而在水浅的地方就潜水或浮水渡过去。

春秋战国时期，南方各诸侯国相继建立了水师，实行舟战，游泳也成为水兵训练必不可少的内容。《六韬·奇兵篇》说"奇技者，所以越深水渡江河也；强弩长兵者，所以逾水战也"，把越深水渡江河的本领称为"奇技"。

在作为军事训练项目开展的同时，游泳在民间同样也有了一定程度的普及。在《庄子·达生》中，有一个反映民间善于游泳者的故事：吕梁之水，从百丈的绝壁上飞瀑而下，河中波涛滚滚，激湍腾沫，鼋鼍鱼鳖都不能游。一次孔子站在吕梁水滨，见一人在水中翻腾，以为他要溺水而死，就令弟子随波拯救，没想到那个人忽然在百步之外浮出水面，并披发高歌，逍遥自在，邀游岸下，胜似闲庭信步。如此高超的游泳技术，说明游者已熟练地掌握了游泳的诀窍及水的特性。

游泳中的泅水技术，在我国古代出现得也很早，秦始皇扫平诸侯后，为了炫耀自己的文治武功，巩固统一的封建王朝，开始了四方巡游。《史记》说他到了今天的鲁南一带，听说这里的泗水河还沉没着一只周代的铜鼎，于是"斋戒祷词，欲出周鼎泗水"。他迫不及待地"使千人没水求之，弗得"。这种游泳技术，在后来得到了更进一步的发展。

秦汉以后，水上活动日益兴盛，并出现过许多游泳能手。《晋书·周处传》记述了勇士周处善游敢拼的事迹，一次，他"大水搏蛟，蛟或沉或浮，行数十里，而处（周处）与之俱，经三日三夜，处杀蛟而返"。能够在水中与蛟龙搏斗三天三夜，可见其游泳技术已有极高的水平。

宋代出现了弄潮儿，并发展到了高潮。吴自牧《武林旧事》中记录了吴儿弄潮的壮观景象："浙江之潮，天下之伟观也。"在这"际天而来"、"吞天沃日"的潮水中，"吴儿善泅者数百，皆披发文身，手持十幅大彩旗，争先鼓勇，溯迎而上，出没于鲸波万仞之中，腾身百变，而旗尾略不沾湿"。这些弄潮儿的技艺和胆量，确实让人钦佩。

我国的游泳比赛始于汉魏时期，那时已经有端午节举行游泳比赛的民间习俗。每次举行这种比赛时盛况非凡，参加的人数很多。唐宋时，每年端午节在钱塘江上都要举行规模很大的游泳比赛，而且与民间的游泳活动相适应，皇家每年也举行游泳比赛。《宋史·礼志》载，淳化三年（992年）三月，正是初春时节，河水很凉，宋太宗赵炅在金明池检阅水军。他命人将银瓯掷于碧波间，让将士泅波取之。去取银瓯的当然不会是一个人，这种带有比赛性质的游泳显然是鼓励将士们练好水上技艺。

明清民间的游泳活动仍以每年八月钱塘江"弄潮"为代表。每当涨潮之际，当地的人们便开展各种游泳活动，且花样越来越多。明人黄尊素的《浙江观潮赋》就记述了数百弄潮健儿穿着红色单衣在狂涛巨浪中表演各种奇技的惊险场面。《西湖志》说，弄潮活动中，游泳健儿百余人手持彩旗，先游至海门迎接巨潮，然后在滚滚潮水中翻腾出没。还有人在水上表演"踏滚木"及"水傀儡""水百戏"等，这是游泳与杂技的综合技艺。

在民间游泳活动开展的同时，作为一种军队的训练项目，游泳也得到了重视。如明代抗倭名将戚继光十分重视水战，以游泳等水上项目训练水军以迎击入侵的倭寇。茅元仪《武备志》中记载了明代的水军是从善于游泳的"沙民"中选出的，因为这些"沙民"生长在海滨，熟知水性，出入波涛之中如履平地。在清末沿海军民抵御海盗的战斗中，更显示了游泳的重要性。顾翰的《俞家庄歌》一诗就讲到了浙江嵊县俞家庄渔民在反入侵者的斗争中，凭着高超的水上功夫，携带杂草等潜泳至敌人的轮船底部，缠绕机具，从而战胜了敌人。

中国古代的游泳活动就是这样，在民间和军队训练的结合中，相互促进，共同发展。其悠久的历史，丰富的内容，成为具有民族特色的传统体育项目。

齐国水军迫退越国军

　　春秋战国时期，越国已经培养了强大的水军，使得周围一些想侵占越国的国家只能望而却步，而越国却凭借自己拥有强大的水军对周边的国家虎视眈眈。越国紧挨着齐国，处于齐国的西南方，所以他们时刻得警惕越国的进攻，而与齐国东北角紧挨着的孤竹离枝也不断地骚扰齐国，齐国人民苦不堪言却不敢轻易出兵，万一出兵攻打孤竹离枝，越国乘虚而入怎么办？

　　这天，齐桓公召集群臣商量对策，看如何能够攻打孤竹离枝，而又不让越国攻打齐国。

　　齐桓公对群臣说："如今西南面临着越国的威胁，东北方的孤竹离枝又不断地骚扰人民，大家看有什么好的主意吗？"

　　有大臣建议道："我们偷偷以最快的速度打败孤竹离枝，马上收兵回来，当越国知道的时候，我们的人马已经回来了，他们也不敢对我国进行打击。"

　　另外一大臣提出了异议："我觉得这样不妥，孤竹离枝并不弱，我们不可能快速打败他们，甚至还可能将我军长期紧紧地陷在那里，如果此时越国趁机攻打我们，我军根本来不及撤回。"

　　有一大臣上前奏道："老臣以为，我们可以派一部分兵力去攻打孤竹离枝，留下一部分兵力来防御越国的进攻。"

　　他的话音刚落便立刻有人站出来反对："本身我齐国兵力就少，如果让一部分人去攻打强势的孤竹离枝，必然是失败，这样只能削弱我齐国的实力，此时，越国难道不会进攻我们吗？"

　　……

　　群臣彼此提出问题，彼此都否定了。齐桓公正为群臣没有更好的办法着急时，他忽然看见管仲站在一边紧紧地皱着眉头，一言不发。

于是，齐桓公问管仲："你有什么好的办法吗？"

管仲上前说："臣有一个办法，不知道该不该说。"

齐桓公着急了："说，赶紧说。"

管仲大声说："我觉得此时，还不是进攻孤竹离枝的最佳时机。"

管仲这么一说，群臣议论纷纷，意思是管仲不替那些受苦受难的齐国人民着想。

管仲没有理睬这些议论，接着说道："越国之所以如此强大，其他国家不敢攻打，正是因为他们有强大的水军力量。我们何不仿效越国，先将自己的水军训练强大起来，然后再去攻打孤竹离枝，这样不仅我们能够轻易攻下孤竹离枝，而且越国知道我们有强大的水军，也不敢趁机来攻打我们。"

管仲一说完，群臣又是一阵议论，有的说："我觉得这个方法不错！"

也有大臣反对："现在当务之急就是应对不断骚扰我齐国的孤竹离枝，如果等我们把水军训练强大了，恐怕已经亡国了。"

齐桓公心里觉得管仲的这个方法不错，最后他问管仲："训练水军要多长时间？"

管仲很有把握地说："最快半年，最慢可能得七八个月。之后还要经常训练，不断扩充水军力量。"

齐桓公说："好，我给你半年的时间，我需要强大的水军，这个任务就交给你了。"

管仲领旨之后，就着手水军的训练工作。齐桓公为了大力支持管仲，在皇宫修建了大型的水池，专门用来训练水军。为了能够尽可能多地吸引人参加水军，齐桓公下达了命令，只要喜欢游泳愿意参加水军的人，立刻赏赐千金。这道命令一下，一下子来了许多人参加训练。

管仲对这些水军的要求特别严格，白天练习，晚上也要练习。

一转眼四个月结束了，到第五个月管仲来向齐桓公报告，已经完成了训练水军的任务。

齐桓公亲自参观了这些水军的水上作战，看后非常欣赏。

管仲此时提出，攻打孤竹离枝的时机到了。

齐桓公率领几乎全部的兵力，向东北方向的孤竹离枝而去。

恰好，越国的探子向国君来报，如今齐国去攻打孤竹离枝，正是我们乘虚而入攻打齐国的最好时机。

越国国君很快否决了，现在的齐国军队已经不再是五个月前的齐国军队了，他们也有强大的水军，如果我们去进攻只可能惹火烧身。

齐国灭掉孤竹离枝胜利归来，而齐国境内依然一片安宁。此后，齐桓公越来越重视水军的训练，势力逐渐超过了越国。

岳苏两城的解围之谜

五代十国时期,社会动荡加剧,人民生活苦不堪言。南方的几个小国为了争夺资源和扩大自己的势力范围,常年作战。由于南方水域丰富,所以训练的士兵多为水军,强大的水军在战斗中往往发挥了极其重要的作用。

这年,吴国将领冷业率领大军进攻岳州,而岳州的执事就是善于游泳的徐德勋。可是徐德勋的士兵力量弱小根本没有办法对付强大的吴军,这可把他着急坏了。

白天,冷业率领大军到城门下叫战:"徐德勋小儿,还不赶紧打开城门投降,如果让你爷爷砸开大门,小心你的脑袋落地!"

徐德勋笑着说:"冷将军,你刚到这里,已经是人困马乏了,我不想乘人之危让世人耻笑,等你休息三五日,我们再决战。"

冷业一想,士兵和战马的确都有些困了,既然徐德勋不想战,何不自己休息三五天,等士兵和马匹休整好了一口气消灭掉徐德勋。冷业便笑道:"好,让你的脑袋在你的颈上再多长五日。五日后,我们再决战。"

冷业将士兵撤退到岳州城护城河的对面,安营扎寨休整,时刻准备攻打岳州城。冷业对岳州城志在必得,原因有二:一是岳州城的士兵力量弱小;二是即使徐德勋叫援军,没有十天半个月不可能到达这里。所以,冷业有些悠然自得。

徐德勋自从看见冷业在护城河安营扎寨便有了主意,并且为一举打败强大的吴军做着充分的准备。

虽然冷业说是五日之后再与徐德勋决战,但是心里还是提防着徐德勋的偷袭,毕竟五日之后决战是自己提出的期限,而且也没有明确地听到徐德勋肯定的答复。

第一日晚，冷业怕徐德勋偷袭，加强了晚上巡逻的力量，结果平安无事。第二晚，冷业减少了巡逻的人数，依然平安无事。第三日晚，冷业干脆让巡逻的士兵全都休息。前三晚的平安无事，让冷业也相信徐德勋对自己提出五日之后的决战无疑是给了肯定的答复，那么在五日前他们肯定不会搞突然袭击的。

第四日晚，徐德勋从军中选出近百名身强力壮的士兵，从城门上将他们一个个吊下去，这些士兵悄悄渡过护城河，一些士兵摸进了毫无戒备的吴军粮仓倒入蜡油，另外一些士兵在营帐外面同样倒上了蜡油，还在一些士兵溜进马厩给马匹身上也倒了蜡油。这些士兵几乎同时点燃了蜡油，顿时，还是睡梦中的吴军陷入了一片火海，人哭马嘶声震耳欲聋。士兵着火了，狂喊着往护城河跳，却被徐德勋的士兵杀死。粮仓着火了，士兵们断绝了粮食。那些身上着了火的马匹就像疯了似的狂奔着，吴军的很多士兵都被马匹踩死。徐德勋看到此情景站在城楼上鸣锣收兵。

冷业此时气得骨头都在响，为了报仇雪恨，他召集剩下的士兵赶紧追击跑向城门的徐德勋的士兵。徐德勋的士兵故意慢吞吞地跑，冷业发疯地带着士兵追。眼看冷业快要追上徐德勋，此时，城门上万箭齐发，阻止了冷业的追赶，徐德勋的士兵赶紧从城门跑了进来。但是城门上的箭并没有停止，冷业的许多士兵死在了乱箭中，冷业也身中数箭，只好逃回到护城河的对岸。第二日，徐德勋站在城楼上一看，除了还在燃烧着的粮仓和营帐，空无一人，原来冷业已经连夜逃走了。

自从吴军在岳州城战败带着残军撤退之后，路过弱小的吴越国，吴军以避难的身份骗得了信任，迅速占领了苏州城，控制了原来守城的吴越将领。

吴越国派大将杜建徽率兵前来解围。可是吴军这次吸取了教训，对占领的苏州城严密封锁，城门整日紧闭，就连通往城里唯一的一条水道，也布满了渔网，而且在渔网上挂满了铃铛，就连鱼虾经过这些铃铛都会响，就更别说人了，根本没有办法进入城里。

杜建徽观察了一整日，只有一个办法，那就是里应外合，而进城的唯一通道只有这条布满铃铛的水道了。于是，他叫来军中的一位游泳高手司马福趁着白天吴军不注意的时候潜入护城河，游到布满铃铛的渔网跟前，敲击铃铛，守城的吴军士兵以为是吴越军偷袭来了，赶紧将渔网拉起查看，发现渔网上有条鱼。司马福趁机钻过渔网进入了苏州城。

司马福偷偷找到以前守卫苏州城的吴越将领，将杜建徽进攻苏州城的计划告诉了他们。

这日，杜建徽鸣锣击鼓进攻苏州城，吴军集中兵力迎敌。谁知苏州城里那些被俘的吴越将士突然从背后进攻吴军，使得吴军措手不及。

吴越军里应外合，将吴军全部歼灭，胜利地解围了苏州城。

冰嬉

冰嬉的历史

　　滑冰游戏和滑雪游戏早在隋唐时期就已被北方的一些少数民族所掌握。唐代的女真族是由黑水靺鞨发展起来的，他们原来居住在我国东北地区的长白山以北、松花江和黑龙江流域。当时，在他们中曾出现过一种用于驰行的"竹马"，这种"竹马"在冰上滑行速度快，也很省力。滑行的方法是人站在"竹马"上，手握一根曲棍，用力一撑就可以向前滑行十几米。这种方法与最初的滑冰方法已有很大不同，它是在原始的滑冰基础上发展起来的一种冰上活动。

　　关于滑雪，最早见于《隋书》的记载，书中对一千四百多年前居住在大兴安岭地区的室韦人所盛行的"骑木而行"活动进行了描述。这种"骑木而行"的形式，就是足踏类似于雪橇的木板，在冰雪上行走，这样不仅可以大大提高行进速度，而且可以防止陷入沟中。这种木板，一般长四尺、宽五寸，一左一右，系在两脚上，在冰雪中疾行可以追得上奔马。这种利用木板在冰雪上滑行比原始的滑雪形式显然有了很大的进步，已基本具备现代滑雪运动的主要特征。

宋代，冰雪游戏更为兴盛。《宋史·礼志》中就有皇帝"幸后苑观花，作冰嬉"的记载，宫廷里的冰嬉已成为王公大臣们经常参加的运动项目。当时，还盛行一种以人力牵拉的冰上游戏，即在木板上铺上一些垫褥之类的轻软暖和的物件，两三个人坐在上面，让一个人拉着在冰上滑行，这就是最早的冰床，它是冰上滑行的一种独特形式。直到明代，有些有钱人家的子弟还在北京的积水潭冰面上玩这种游戏。

明代的冰雪活动，在北方少数民族中得到了进一步的开展。明熹宗五年（1625年）正月初二，东北建州女真族首领努尔哈赤曾经在太子河上主持过盛大的冰上运动会。在这次运动会上，先进行了冰球表演，然后又进行了速度滑冰比赛，并规定冠军赏银二十两，亚军赏银十两。这是我国古代第一次冰上运动会。

满清入主中原后，将他们民族的传统体育活动冰嬉也带入内地，其内容丰富多彩，呈一代之盛。由于清政府将滑冰运动纳入军事训练，使清代出现了我国古代冰嬉发展的黄金时期。当时皇家每年冬天都要从各地挑选上千名"善走冰"的能手入宫训练，于冬至至"三九"在太液池（今北京北海和中南海）上表演。每逢这时，北海四周搭起彩棚，插彩旗，悬彩灯，皇帝和后妃、王公大臣都来观赏。今北海滴澜堂就是当年乾隆皇帝以及后来=慈禧太后等观赏溜冰的地方。乾隆年间，宫廷画家张为邦、姚文翰的《冰嬉图》就是根据当时宫廷冰上表演的盛况而绘制的。

滑冰是清代冰嬉中的主要内容，俗称"跑冰鞍（鞋）"。清政府曾把滑冰与冰上足球、摔跤等作为守卫京城部队的军事训练项目。当时的军队还设有专门滑冰的兵种，叫"技勇冰鞍营"，滑冰的兵士叫"冰鞍"，教习滑冰技术的称"冰鞍教习"，管理滑冰的机关叫"冰鞍处"。清代滑冰活动中所用冰刀主要有单刀式和双刀式，与现在所用的简易冰刀相似。

清代的冰上运动内容丰富，形式多样。除有大型军事集团的冰上表演外，更多的是侧重于个人的技巧表演，其花样方式之多、技巧水平之高，达到了较高的程度。当时较为普及的滑冰项目主要有三种：第一种是竞赛快慢的速度滑冰，仅速滑的姿势就有扁弯子式、大弯子式、大外刃式、跪冰式等，有许多姿势跟现代的速滑姿势近似。第二种是杂技滑冰和现在所称的花样滑冰，其中的"双飞燕"类似于现代双人花样滑冰的姿势。第三种是冰上踢球表演，表演过程中每队由几十人组成，按位置站好，然后将皮革制成的球抛起，球快落地时，大家飞快地滑过去争夺，得到球的队获胜，如看到自己队得不到，而对方有可能得到时就将球踢远，再去争夺。这种冰上足球最初是作为一种军事训练手段在军队中进行的，后来流传到民间。二十世纪二十年代在什刹海和护城河上还时常有老百姓在玩这种冰上足球。

　　清代还有一种"打滑挞"的冰上娱乐运动。其活动方式是在滴水成冰的时节，用水浇地，在地上堆成一个三四丈高的冰堆，然后让身手矫健的兵士，穿上带毛的猪皮鞋，从上面挺身直立滑下，能顺利地滑下来不摔跤者为胜。这种活动形式在北方的民间极其常见。作为滑冰运动的一种方式，"打滑挞"要求有很高的身体平衡能力。

　　从隋唐开始兴盛的冰雪运动的另一种形式——滑雪，一直流行于北方的少数民族中间。及至明清时期，这种活动还时见于黑龙江地区的赫哲人中。在《黑龙江志稿》中曾对赫哲人滑雪的情形作了描述：赫哲人在捕追野兽时，以踏板作为奔驰的工具。每当大雪封地的季节，他们即将长五尺的两块木板绑缚在脚上，手持两长竿如划船之状以助力滑雪而行。滑行瞬息可达十余里，以此速度可以跟踪野兽之足迹，捕而食之。这种滑雪方法，可使猎人运转自如，其速度就是飞鸟也比不过。从这可以看出，远在三百多年前的赫哲人，其制造和使用的滑雪板及滑雪的方法，同现代已很相似，且技术也已相当高超。

冰上军日行千里来解围

早在清朝入关的时候，一些贵族就将冰嬉作为一种娱乐活动，但是随着社会的发展，冰嬉不再仅仅限于娱乐活动，更重要的是用于战争。

努尔哈赤就拥有一支特殊的部队，这些战士既善于滑冰，又能驾驭冰橇，而且战斗力极强。

努尔哈赤为了扩充自己的实力，为将来的入关作准备，不断地吞噬周围一些小的部落。由于努尔哈赤有极强的战斗力，所以周围的很多部落都成了他的囊中之物，这样就更加助长了他的气焰。

天命年间（1616—1626年）的冬天，努尔哈赤派自己的得力干将远征实力比较强大的巴尔虎特部落。巴尔虎特部落首领知道前来侵略自己的敌人的实力，没有直接硬碰硬，而是利用诱敌深入的办法，使得努尔哈赤的金军一步步走入圈套。

金军在巴尔虎特部落的城门前大叫着："巴尔虎特赶紧打开城门迎接金军将士们，不要让我们砸开城门，之后就像杀狗一样一个个砍下你们的脑袋。"

巴尔虎特部落士兵将金军在城门叫战的情况赶紧通报了巴尔虎特首领，首领大笑道："我就知道会有这么一天的！这样，赶紧让守城的士兵只留下一半，其余的都往墨根城撤退。"

巴尔虎特部将有些惊讶地问："难道我们就这样弃城而逃，拱手相让我们的城池吗？"

巴尔虎特首领笑道："我自有妙计，到

壁画冰嬉

时候你就知道了。"

巴尔虎特部将安排好一切之后,到城楼上对叫战的金军喊道:"好大的胆子,到了我的家门口还敢如此嚣张,看我怎么收拾你。"

顿时,城楼上万箭齐发射向金军,金军早有防备拿起盾牌一边抵挡一边大喊:"给我杀进城去,将巴尔虎特这些人的脑袋就像杀狗一样砍下来!"

金军的部队如潮水一般涌向城门,一阵厮杀之后,顺利打开了城门。巴尔虎特守城的部分将士赶紧向城外撤退,金军将领一看原来巴尔虎特的士兵就这么几个人,所以决心一定要乘胜追击,一网打尽。

于是,金军部队对巴尔虎特部落将士穷追不舍,这些士兵被追赶到了另外一座城墨根城,金军部队毫无抵挡地进了城,可是进了城之后,突然发现不妙,因为这里是一座空城,无人家,无粮草,无水源。

金军将士此时才知道上了当,赶紧向城外冲击,却遭到了巴尔虎特士兵顽强的抵抗,根本没有突围的可能性,巴尔虎特士兵将这座城已经围得水泄不通,如铁桶一般坚固。

巴尔虎特首领笑着对他的部下说:"现在明白我为什么要撤退的道理了吧!"

部下笑着说:"还是您高明啊!这下把这些人控制在这里动弹不得,他们只有死路一条了。"

"我们只要坚守好,不让他们突围出去,这里无粮草,看他们能够坚持多久。不出三五天就缴械投降了。"

"如果努尔哈赤派人来支援他们怎么办?"巴尔虎特部下问。

巴尔虎特首领笑道:"根本不可能,这里距离努尔哈赤的兵营有七八百里的路程,没有一个多月是很难到达的。"

金军一次次的冲击,换来的是一批批士兵的倒下。

巴尔虎特士兵打击金军将士的原则就是:你老老实实在

城里待着，如果想逃出去就狠狠打击。

很快金军部队士兵面临的问题出现了，城里无粮草、无水源，被困在这里只有等死，最糟糕的是第一天晚上下了一场大雪，有些伤势严重的士兵已经被冻死了。

被围困在墨根城的金军将士十万火急，只有向努尔哈赤求援。

努尔哈赤收到飞鸽传书之后，连夜派费古烈带领数千名勇士，向墨根城急速进发。这些士兵皆着乌喇滑子，神速在冰上前进，一些大炮等武器被捆绑在雪橇上，沿着脑温江冰层疾驰。

第二天天黑，金军的支援军已经悄无声息地到达了墨根城城外，此时，巴尔虎特部落所有的人都毫无察觉，刚脱去衣服准备要睡觉。

突然，城外大炮齐鸣，巴尔虎特首领吓了一跳赶紧从床上爬起来，刚要问怎么回事，士兵进来报告，城外有人炮轰城门。

"是什么人竟敢这样大胆？"

"是努尔哈赤的援军。"

"不，不可能，两天时间，他们怎么可能这么快到达这里呢？难道是天降神兵？"

"他们是滑冰一路从脑温江而来。"

巴尔虎特首领腿一软几乎倒在了地上，他早就应该知道努尔哈赤有支特殊的队伍，可是却怎么偏偏忘记了呢？

这时，又有士兵来报，围困的努尔哈赤士兵发起了猛烈的突围。

巴尔虎特首领大怒："给我抵挡住，不能让外面的人进来！"

可是，巴尔虎特将士怎么能够抵挡得住呢？努尔哈赤将士内应外合，天不亮就攻破了墨根城，巴尔虎特士兵伤亡过半，其余人被俘虏。

被困墨根城的金军将士顺利解围。

清兵入关后冰嬉的延续

明天启、后金天命年间（1623年），这年正月初二一大早，辽阳的太子河天然冰场彩旗飘扬，锣鼓喧天，人山人海。原来这里正在举行盛大的冰嬉运动会，项目有抢等、花样滑冰和冰上蹴鞠表演。胜者皆获重赏，一等赏银二十两，二等赏银十两；赛后还在冰上举行国宴以示庆贺。这次运动会成为中国历史上的第一届冬运会。

清军入关之后，将冰嬉的习俗带进中原。由于关内的天气并不太寒冷，作战也用不着滑冰，所以清王室一年一度的太液池冰嬉，实际上是一种娱乐活动了。但是清军对冰嬉在军事上的作用依然没有忽视，而且很注重军队的冰上训练。每年冬月，清宫要在太液池表演冰嬉，所谓习劳行赏，以简武事而修国俗。西苑太液池，每冬冰合，便有冰嬉活动，借以习武，皇上亲临观看。因此，诗人顾森有诗描述：

太液冻初坚，
冰嬉队连连。
弯弧兼津武，
仰射彩球圆。

冰嬉是满人的习俗。清代皇帝们对于冰嬉十分重视，每年还要举行大典，亲临检阅。参加冰嬉的人员是从八旗和前锋统领、护军统领以及训练有素的士兵中挑选的。选拔工作始于每年十月。每旗照定数各选善于走冰的二百人，内务府预备冰鞋、行头、弓箭、球架。冬至后第九日，皇帝驾幸

古代冰鞋

瀛台等处,陈设冰嬉和较射天球等伎。分兵丁为二翼,每翼头目十二人,身穿红、黄褂,其余穿齐肩马褂。射球兵丁凡一百六十人,幼童四十人,均服马褂,背插小旗。按八旗分色,依次走冰、较射。陈伎完毕后,恩赐银两。

皇帝每年十二月在西苑三海检阅冰嬉。御前侍卫率八旗兵队在冰上练武献艺。士兵们脚穿冰鞋,冰鞋是用一直铁条嵌于鞋底中央。冰嬉开始时,在皇帝所坐的拖床三里外,竖一面大纛,众兵肃然排列。皇帝坐上冰床时,响一声礼炮,大纛处也以一炮相应。道光皇帝观冰嬉时,有这样一句诗:"爆竹如雷殷,池冰若砥平。"礼炮以后,众人向御前飞驰而来,按先后到达,分为头等、二等,分等赏赐,称为抢等。

冰嬉活动中还有冰上蹴鞠,简称冰球。冰球活动开始时,每队由数十人组成,选出统领,分位站立,用革做球,抛于空中,待球快落地时,群起扑球争逐,以得球者为胜;或是此队人得球时,彼队人飞起一脚,踢得老远,两队欢腾追逐,以便捷勇敢的为能。京师中的将士们往往以冰球活动习武。

抢等冰嬉以后,接着是抢球。兵士分成左右队,左队衣红,右队衣黄,御前侍卫将一只皮球猛踢过去,众兵争抢,得球者为胜。抢球之后,便是转龙射球。参加这一活动的军士脚穿细密的铁齿鞋,以防打滑,蜿蜒曲折的龙队由上百个小组连成,每组一人执小旗前导,二人执弓矢随后,因此,龙队中执旗者有一二百人。旗分别为八旗颜色。龙队盘旋曲折,飞行在冰上。靠近御座的地方,设一个旌门,上面悬挂一球,称天球;下面置一球,称地球。转龙之队,疾趋而来,每个小旗后面两位队员分别拉弓,一射天球,一射地球,射中者得赏。然后他们转回去,由原路疾驰而归。每一小组都如此进行,最后出现的便是龙尾,龙尾由一名幼童执旗。转龙射球之嬉到此告成。

高坡滑冰是又一项冰上活动,称打滑挞。清宫中冬月玩打滑挞,先汲水浇池,做成冰山,高约三四丈,莹滑无比。勇健的冰滑手脚穿带毛猪皮履，从冰山上向下飞驰，猪皮履使滑行速度更佳，从顶上一直挺立而下，以到地后不扑倒者为胜。冰上表演各种杂戏也是热闹的冰嬉活动之一，而且使冰上活动更加燎人眼目，丰富多彩。冰上的杂戏活动包罗万象，主要有舞狮、舞龙、弹弓、旱船等常见项目。表演人一身劲装，脚蹬冰鞋，在滑行中表演出各种精彩的技艺，无不令人叫绝。清宫帝、后每年常去圆明园福海看太平灯，就是冰上的舞龙、舞狮活动，称为舞龙灯。

冰床流行于明代宫中，到清时，宫中依旧流行。清代文人墨客有咏酒于冰床的诗文。文昭在《京师竹枝词》中称："城下长河冻已坚，冰床仍着缆绳牵；浑如倒拽飞鸢去，稳便江南鸭嘴船。"清高宗乾隆皇帝就有一座特制的冰床，供他在太液池上冬日时乘坐滑行，观赏银装素裹、苍茫浩渺的雪景。乾隆皇帝冬季时常在西苑太液池举行冰嬉活动，分队争球，以决胜负。乾隆二十五年，乾隆坐冰床前往琼华岛悦心殿观看冰嬉，他为此写有《坐冰床至悦心殿》诗：

  筠冲赐宴有余闲，琼岛韶光暖镜间。

  尚可翠鸾轻舵试，徐过玉𬈦一桥弯。

  冻酥岸觉看波漾，春到物知听雁还。

  今日悦心真恰当，窗凭积素慰开颜。

清宫御林军中的健锐营专有一种溜冰部队，编制为一千六百人。清仁宗嘉庆时期，这一溜冰部队隶属于精捷营，编制缩减为五百人。冰嬉活动在清代京师和民间也广泛盛行，包括冰球、冰床、跑冰等各种活动。《燕台口号一百首》有这样一首诗：

  河头冻合坐冰床，

  偷得舟行陆地方。

  更有抛球人夺彩，

  一双飞鸟欲生芒。

射覆

射覆的历史

　　射覆，就是现代的猜谜语。"射"是猜度之意，"覆"是覆盖之意。由一人随意择一物覆盖起来，射者通过占筮等途径来推测里面的物品，类似于猜谜游戏，只是谜面为各自所得的卦象，根据易经八卦的象、数、理从无限种可能的事物中推断出某种具体事物来。由于谜语结构纤巧、寓意奇妙、内容丰富、形式多样、变化多端，所以猜谜语者既要具备广博的知识，还要有推理判断的好习惯，再加上掌握一些基本的猜谜方法，才能做到迅速破谜，娱乐身心，启迪智慧。否则，胡猜乱想，既伤脑筋，又索然无味。

　　归纳起来，破谜技巧关键在别解。所谓"别解"，是指谜底与谜面的扣合并不像字典、辞书那样对某字、某词作出通常意义上的正确解释，而是有意识地利用汉字、汉语的特点进行曲解。很多人都说谜语难猜，其主要问题就是没有把握别解的要领。别解不是常规思维，而是一种非常规思维。拿现代人的说法就是要"脑筋急转弯",不要正面去想,而是要转一个弯,进行非常规思维。由于谜语猜射时"非想非非想",所以才妙趣横生,余味无穷。

东方朔射覆击败郭舍人

汉武帝在位时期，他的身边有两位比较有名的大臣。

一位是机智幽默的东方朔，东方朔字曼倩，号平原厌次人。汉武帝初即位时，广征天下贤良之士，东方朔自许具备了贤良之士的各种才能和美德，毛遂自荐，请求录用。东方朔的自荐书文辞不逊，高自称誉。汉武帝大为奇怪，征入宫中。一段时间冷遇以后，东方朔略施才智，很快引起了汉武帝的注意，渐渐大得宠信，不离左右。另外一位是巧思狡黠的郭舍人。这两位都是射覆的高手。

有一天，汉武帝无意在皇宫抓住了一只蜥蜴，于是将其盖在一个盂之下，赶紧叫来一些大臣射覆，说："此物的谜面只有四个字'不难分解'，打一昆虫，你们谁如果射覆中，赏帛十匹。"

大臣一听，端详片刻各自说出了自己的答案，但没有一个射覆中。此时，东方朔上前悠然说道："臣以为它是龙但是无角，应该是蛇，却有长脚趾，而且善于爬墙壁。"

群臣一听糊涂了，但只有汉武帝明白，东方朔射覆中了。只不过东方朔没有明说出来，而是将谜底换成了另外一种谜面。

在群臣的追问之下，东方朔只好直接将谜底说了出来：蜥蜴。

汉武帝让东方朔分析分析昌蜥蜴的理由。

东方朔便说："'蜥蜴'去掉虫字旁是'析易'。'析'扣谜面'分解'，'易'扣谜面'不难'。应该说，这是一则佳谜。"

汉武帝一听龙颜大悦："哈哈，果真让你射中了。来人，拿十匹帛上来赐予东方朔。"

群臣顿时为东方朔的高超射覆所征服，议论纷纷。

东方朔射覆成功，踌躇满志。汉武帝也来了兴致，随手又往盂下盖了一些东西，让东方朔射覆，结果东方朔一一射中。汉武帝又惊又喜，大加赏赐。

东方朔出尽风头，一直争宠、较量的郭舍人当然不服气。郭舍人妒火中烧，进奏汉武帝道："东方朔能够射中完全是瞎猫逮着死耗子罢了，如果让我射，我同样可以射中。这样，我和东方朔射覆一局，如果东方朔射中了，就杖我一百；如果他射不中，就赏我帛。"

汉武帝一听郭舍人如此说，知道好戏又来了，便问东方朔："你看如何？"

东方朔看了一眼幸灾乐祸的郭舍人，上前说："臣愿意和郭大人射覆，但是希望郭大人能够言而有信。"

郭舍人一听生气地说："我哪天说话不算话了，如果我输了甘愿杖打一百，如果我赢了帛一匹也不能少。"

汉武帝笑道："好，既然你们都同意，那就开始吧！"

郭舍人端着盂跑出宫殿，在院子里找了半天终于找到寄生在树上的一种虫子，他赶紧用盂扣住，抱了回来。

郭舍人走到东方朔跟前就说："你直接射覆一下，看这里是什么东西。"

东方朔围着这个盂敲了敲、听了听，然后说："此为'䉛蔬'。"郭舍人一听，认为他猜错了，便高兴地要求赏赐。东方朔作出了巧妙的解释："生的肉叫脍，熟的肉叫脯；生在树上寄生的东西叫芝菌，盂盆下就是这个东西。"一听东方朔猜对了，汉武帝叫人打郭舍人一百板，打得他嗷嗷直叫。

那么，"䉛蔬"究竟是什么呢？原来是一种用茅草结成的圆圈，以便放在头上顶着东西走路时用的。其实，东方朔只是

射覆

从广泛的范围来阐明对这种寄生物的体形的特点而已。

当郭舍人挨打的时候,东方朔又说道:"咄!口上没有毛,声音嗷嗷叫,屁股翘得半天高。"郭舍人恼羞成怒反咬一口,说:"东方朔胆敢讥笑皇帝身旁的近臣,罪当弃市"。汉武帝问东方朔:"为何要笑他?"东方朔辩道:"臣并未笑他,只是与他猜个谜语罢了,怎能说诋毁朝廷命官呢?"汉武帝说:"谜语是怎么说的?"东方朔说:"所谓口无毛者,狗窦(即洞)也;声嗷嗷者,是鸟在哺它的小鸟;屁股翘得很高的,是仙鹤低头在啄食。"

不管他怎样解释,羞辱之意是明摆着的,但谁也驳不倒他。

千古绝唱的绝妙好辞

东汉时，浙江上虞有一个女子叫曹娥，她的父亲是个水手。在五月初五划舟祭江神的仪式中，曹娥的父亲不幸落水淹死。当时曹娥才十四岁，为了寻找父亲的尸首，她沿江哭号十七昼夜，最后悲伤至极也投江而死。

当时浙江上虞的县令是度尚，深深被这个事迹感动，为了表彰这位孝女，就把这条江改名曹娥江，并在江边立庙、竖碑。

为了能够充分体现曹娥的孝义，让后人学习，度尚请一些名家为该女撰写碑文。许多名家知道此事非同小可，迟迟不敢动笔。这日，一位不满二十岁的侍酒童子献出了自己写好的碑文，大家看了赞不绝口，度尚便请人把这篇碑文刻到了碑上。

东汉的大文学家蔡邕闻听这篇碑文写得好，路过上虞时便赶去观赏，赶到碑前，天已黑了，他只好摸着读完碑文，读完后便在碑的背面写了八个字：

黄绢　幼妇　外孙　齑臼

很长时间没有人能解这八个字的意思。

传说，三国时候，曹操在一次出巡时得知了蔡邕题这八个字的事，便问随从人员谁能解得开？只有主簿杨修说他已解开。曹操叫杨修先不要说出来，让他自己再想想看。

他们骑马又走了三十里路，曹操才说他也猜出来了。

曹操便让杨修先说说看。杨修说，黄绢，是有色的丝，是个"绝"字；幼妇，即少女，是个"妙"字；外孙，是女儿之子，女子为"好"；齑臼，是接受捣辛辣之物的，受辛为"辞"字，这八个字的意思是称赞这篇碑文为"绝妙好辞"。

曹操听了大笑说："正和我猜的一样。可是我的才思终不及你好，我是又走了三十里后才猜出来的呢！"

原来的碑被毁了，到宋代重建此碑时，由蔡卞书写了碑文，并把这八个字写在了碑的正面碑文之末，这八个字的字谜便成为曹娥碑的一个组成部分而传为千古绝唱。

拔河

拔河的历史

拔河是一项群众性的体育活动。具体玩法是：以一条又粗又长的绳索为比赛器具，把绳索拉直后，在位于绳索中间的地面上画两条平行的直线，以示河界；把参加比赛的人群分为两组，每组各执绳的一端，一声令下，双方用力把对方拉向自己的方向，被迫越过河界者为输方。因此，所谓拔河，当是指一种以"河"为界的牵拉活动。

拔河在中国有着悠久的历史。早在春秋战国时期，就有拔河这项活动，不过在那时不叫拔河，而称为钩强或牵钩。而且，牵钩的目的，也不是简单地为了比输赢，而主要是用于军事训

壁画中的拔河比赛

练。据《墨子·鲁问》和《荆楚岁时记》杜公瞻注介绍，这种竞技源起春秋后期，当时楚、吴之间进行水上舟战，楚国设计一种名为"钩强"的器具，在舟战占优势的情况下可以用它钩住敌舟，不让其逃脱；在失利时可以用它抵住敌舟，不让其接近，以免被俘。其后，这种钩拉敌舟的战术操练又从水上移到陆上，基本动作从"退则钩之，进则强（拒）之"，演变为单一的"钩"即"拖牵"技巧，进而演绎成一种竞技项目，称为"牵钩"或"拖钩"。

牵钩竞技最初在今长江中下游楚国故地一带流行，操作之具早已由篾绳取代了战器，篾绳长短视参加人数的多少而定，有时长度竟达"绵亘数里"。竞赛时还要鸣鼓，用激越的鼓点配合双方角力时的节奏，其场面之恢弘、气氛之热烈，不难想见。

到了唐代，拔河已经成为一种在社会上广泛流行的体育运动。不仅普通百姓要在每年的农历正月十五进行盛大的拔河活动，以祈丰年，而且朝廷的大臣，以至后宫中的宫女，都参加到了拔河的行列中来。唐代的玄宗皇帝不仅经常组织拔河活动，甚至还专门写过一首名为《观拔河俗戏》的诗，诗中写道："壮徒恒鼓勇，拔距抵长河。欲练英雄志，须明胜负多。"

由于中宗、玄宗的喜爱与提倡，牵钩由荆楚地区的地方性习俗迅速发展为走向全国的全民性竞技项目。此时的用具，已由长达四五十丈的大麻绳取代了篾绳，麻绳两头分系数百条小绳。竞赛时，两拨人各自拉住小绳在胸前挽成圈，便于发力。竞赛规则是在长绳正中"立大旗为界"，最终"以却者为胜，就者为输"（《唐语林》），与现代的拔河基本相同。

从"钩强"到拔河的发展线索，应该说是比较清晰的。但这种竞技何时定名为"拔河"，则稍有争议。一般多认为此名始见于唐代，可作依据的史料不胜枚举。但也有人指出，《画谱》载有"展子虔《鬼拔河图》"，展氏历经北齐、北周,又仕隋朝,因此可知"拔河"之称在北朝时就已经出现了。比起这个问题来,争议更多的是:拔河之名缘何而起,这个取名有什么特别的历史信息可供寻绎吗?

有人认为拔河之名或许是受项羽"力拔山兮气盖世"的影响,用此相符拔河时"挽者千余人,喧呼动地,观者莫不震骇"(《唐语林》)的磅礴气势。唐薛胜《拔河赋》云:"超拔山兮力不竭,信大国之壮观哉!"正是这一名词本义的概括。

也有人认为拔河之名是对当年楚人水上交战传统的溯源,可作两种解释:一是此项竞技判断胜负的标志是使用界旗为"河",即"载立长旗,居中作程",能够把绳索拉过旗界,就是拔过了"河";一是径以绳索中心的标志为"河",胜者就是把"河"拔了过来。可见"拔河"是对竞赛规则的形象表述,如现代广西仫佬族同胞的拔河游艺,就将此中线称为"界河"。

还有人认为,拔河实是一种感应巫术活动。《隋书·地理志下》在介绍荆襄地区拔河习俗时说:"俗云以此厌胜,用致丰穰。"唐玄宗《观拔河俗戏》诗序亦曰:"俗传此戏必致丰年。"可见参加拔河者认为这种活动能感应稼禾,促成丰收。从它一般在春季进行的时段来看,直接的目的是对雨水的祈求,故"拔河"的本义当是挽拔"天河"使之倒灌。古人举行拔河时"绵亘数里,鸣鼓牵之"(即参加者越多越好),"群噪歌谣,震惊远近"(即声势越大越好),均是显示人力回天的巨大力量的缘故。唐张说《拔河》诗云"长绳系日住,贯索挽长河……春来百种戏,天意在宜秋",大抵点出了这一习俗及其名称的真谛所在。

钩强使吴进退两难

春秋后期，楚国与吴国隔江对峙，势不两立。

当时楚国还没有做好充分的作战准备，吴国的力量也不是多么强大。但是为了削弱楚国的力量达到最终灭掉该国的目的，吴国采取了游击战术，就是趁着楚国毫无防备的时候，突然渡江而过，对楚国的重点军事基地进攻一番，当楚军要还击时，吴军赶紧乘船逃回本国。

吴军反反复复的进攻让楚国苦不堪言，但是又毫无办法。

这年秋天，楚国来了一位鲁国的名匠，他看到楚国遭受吴国的屡次袭击，人民流离失所很心痛，于是决定帮助楚国教训教训嚣张的吴国。

鲁国名匠找见了楚国国君，国君一副有气无力的样子问道："你是鲁国的匠人？"

"鄙人正是从鲁国而来。"

"所为何事？"

"我是来帮助楚国打败吴国的。"

"你有办法？"楚国国君有些兴奋，之后显得有些消沉，因为眼前的这个人看不到一点过人之处，他便问："什么办法？"

鲁国名匠故弄玄虚地说："这种东西最适合对付吴国了，如果再次水战吴军逃跑的时候，我们用它钩住敌船，使他们无法逃脱，然后轻而易举地收拾他们；当我们失利时也可以用它抵住敌船，不让其接近，以免被俘。"

"这种东西是什么？果真有这么厉害吗？"楚国国君一听鲁国名匠说得如此神乎其神，立刻感兴趣了。

"现在你只要给我足够的人手，并散布你们粮食大丰收的消息，诱惑吴国军队前来偷袭就是了。"

鲁国匠人虽然说此法有多么厉害，但是楚国国君还是想听清楚再决定是否该法有用，如果仅仅听鲁国匠人的说法，万一不适用于楚国该怎么办？

当鲁国名匠详细地说完自己的计划之后，楚国国君极为赞成，立刻给鲁国名匠派人手。

原来，鲁国名匠连夜设计了一种叫作"钩强"的器具，并将这一器具铸造了很多，而且还在"钩强"的一端系着粗粗的长绳子，这些就是准备用来对付吴国的秘密武器。

果真，当吴国听到楚国粮食丰收的消息之后，立刻准备兵力和船只打算去抢一些粮食回来。

这天晚上，吴国船只悄悄地进入楚国，埋伏在周围的楚军没有惊动这些偷袭者，而是带着"钩强"潜入水中，游到吴军的船只跟前，将"钩强"钉进吴国停泊在水中的船只上面，将"钩强"一边的绳子一直拉到埋伏的地方。

楚国早就有准备，粮食之类东西早就藏好了。吴军没有找到可以抢劫的东西，却遭到了楚军猛烈的攻击，吴军落荒而逃，他们逃到江边上了船，站在船上冲着站在岸边的楚军大喊："有本事你追过来啊！"

吴军大模大样地撑起船桨准备离开，可是他们划了好几下船桨，船纹丝不动。

此时，埋伏着的鲁国名匠一声令下，所有楚国将士，抓住"钩强"绳子的一端使劲拉，吴国船只缓缓向岸边靠近。

正在得意的吴军忽然发现，自己的船只不向自己的国家靠近，反而向楚国靠近，着急万分，仔细一看，原来从自己的船底下伸出数根绳子一直延伸到对岸的楚军手中，才明白是怎么回事。吴军将领想赶紧让士兵斩断绳子，可是这些绳子都固定在距离船舷很远的地方，在船上面根本够不着。想派人下到船底斩断绳子，可是这里的水很深，下去只有死路一条。船只越来越靠近楚军，楚军将士手中举着火把齐声喊道："快，快放下武器投降，要不我们就放火烧掉你们这些狗贼的船。"

吴军没有办法，只好纷纷将兵器投入河中，举手投降。

这就是古代战役中的一次水上战斗，利用"钩强"将逃跑的敌人拉到了自己的岸边，最后取得了战役的胜利。

"钩强"后来逐渐演变成了"拔河"，不仅仅在水中叫"拔河"，当变成为一种游戏，并且到达陆地的时候依然叫"拔河"。

唐玄宗千人拔河赛

唐开元年间（713—741年），吐蕃和突厥虽然归附大唐，但是在他们的心目中大唐除几名凶猛的勇将之外，其余都是不堪一击的懦夫，因此对唐朝的一些政策都是阳奉阴违。周围一些小国家听说唐朝很繁荣，都想来咬一口大唐这块"肥肉"，为了威慑这些国家，唐玄宗决定举办一次声势浩大的拔河比赛，并邀请西域国家前来参加，以此来证明唐朝不仅是经济繁荣，而且强大无比。因此有了这次千人拔河比赛。

正如薛胜所说："皇帝大夸胡人，以八方平泰，百戏繁会，令壮士千人分为两队，名曰拔河于内，实耀武于外。"

这天，比赛场地布置得非常宏伟，周围插满了旗子，上面写着一个个大大的"唐"字，鼓声震天，喧声雷动。

唐玄宗坐在看台的中心位置，唐朝的文武百官坐在一侧，各国的使节坐在另外一侧。围观的群众人山人海，如此声势让这些使节无不惊讶。

唐玄宗身边的大臣用这样的词句来描述场面：

今岁好拖钩，横街敞御楼。

长绳系日住，贯索挽河流。

斗力频催鼓，争都更上筹。

春来百种戏，天意在宜秋。

这首诗气势磅礴地描写了当时拔河比赛的场面，拔河壮士的力气把山都摇晃动了，河都翻起波浪。拔河的长绳在壮士的手中可以系住太阳、挽住河流。

比赛开始了，鼓声更加激烈，两队分别用力向两边拉，时而长绳静止，时而长绳忽左，时而长绳忽右，呐喊助威声响彻天空。

观看的使节们忘记了吃饭，即使再可口的饭菜也忘记了咀嚼，目不转睛地盯着长绳的中点。

突然，一声巨响，两队分别倒向两边，原来碗口粗的绳子被拉扯断了。这声音吓得天竺使节手中的筷子都掉在了地上，他匆匆忙忙低下身子捡起筷子，擦了擦头上的汗，自言自语道："大唐如此强盛，恐怕我的国家不久就要灭亡了。"

唐玄宗为了彻底让这些使节知道唐朝并非弱兵弱将，随后让这些使节与唐朝的大臣进行了拔河比赛，唐玄宗特意派了几个年纪大的老臣，而且人数还比使节的人数少了几个。

这些使节抱起长绳，一想起刚才气势宏大的拔河比赛，腿就发软。结果使节输给了唐朝的大臣，这些使节不得不跪在唐玄宗的面前齐声道："皇上万岁，万岁，万万岁！大唐果真是人强马壮；人才济济啊！"

在晚宴上，唐玄宗用山珍海味款待了他们，使得他们与大唐相比从内心都自叹不如。

当这些使节将大唐的繁荣和强大的消息带回本国时，那些对唐朝有些想法的国家再也不敢想入非非了。

唐玄宗曾经有诗写道：

壮徒恒鼓勇，

拔距抵长河。

欲练英雄志，

须明胜负多。

噪齐山岌颠，

气作水涛波。

预期年岁稔，

先此乐时和。

放风筝

放风筝的历史

风筝起源于中国,有着悠久的历史,据说汉朝大将韩信曾利用风筝进行测量;梁武帝曾利用风筝传信,但未成功;南北朝有人背着风筝从高处跳下而没有颓废身亡;唐朝的张丕被围困时曾利用风筝传信求救,取得了成功。这些说明,中国风筝的历史至少有两千多年了。从唐朝开始,风筝逐渐变成玩具。到了晚唐,风筝上已有用丝条或竹笛做成的响器,风吹声鸣,因而有了"风筝"的名字。也有人说"风筝"的名字起源于五代,从李邺用纸糊风筝,并在它上面装竹笛开始。

中国传统的风筝一般分为硬翅、软翅、板子、串子、立体(筒形)等几类,按地域和风格又分为潍坊、天津、南通、北京等地方特色的风筝。

放风筝

中国最大的风筝制造地在山东潍坊，被称为世界风筝之都。

放风筝是中国民间广为盛行的一项传统体育运动，是汉族及部分少数民族传统的娱乐风俗。放风筝流行于中国各地，被称为人类最早的飞行器。原用于军事上，相传春秋时期，著名的建筑工匠鲁班曾制木鸢飞上天空。后来，以纸代木，称为"纸鸢"；汉代起，人们开始将其用于测量和传递消息；唐代时，风筝传入朝鲜、日本等周边国家；到五代时期，又在纸鸢上系以竹哨，风入竹哨，声如筝鸣，因此又称"风筝"；至宋代，放风筝逐渐成为一种民间娱乐游戏；元代时，风筝传入欧洲诸国。唐以前的风筝用丝绸制作，晚唐时改用纸制。品种繁多，题材广泛，形式多样。民间还创造了风筝上的附加物，如有音响的"鹤琴""锣鼓"，有灯光装置的"灯笼"，有散落携带物的"送饭儿的"等，独具特色。

风筝，杭州人称"纸鸢""鸢儿"，为民间传统游戏。大都于春风和煦的二三月放飞风筝。风筝的技艺全在做工，从扎细竹骨架，到糊以纸绢，涂以彩绘，调准提线，系以长线，各道工序十分讲究。南宋时风筝制作工艺相当发达，放风筝在杭州成为盛行的娱乐游戏。当时已有放风筝比赛，比赛常在春游时进行，地点在西湖断桥一带，据《武林旧事》卷三"西湖游幸"载："竞纵纸鸢，以相勾引，相牵剪截，以绝线者为负。"即两根或数根风筝线绞在一起，以先绞断者为输。

风筝运动在中国具有悠久的历史，不仅北京地区的放风筝活动远近闻名，一些边远地区也纷纷举行放风筝活动。1981年内蒙古乌拉特前旗文化馆举行了一次盛大的演放风筝会；同年，包头市少年宫也举办了青少年放风筝比赛。1980年5月23日，北京成立了中国第一个风筝学会——北京风筝学会。此后，国内每年均举办有较大规模的风筝节。1989年国际风筝联合会正式成立，总部设于山东潍坊。在欧美、日本和东南亚一些国家，放风筝活动也很流行，经常举办国际性的风筝放飞大赛等活动。

韩信巧用风筝来解围

汉高帝五年（前202年）十二月，在楚汉战争中，楚汉两军在垓下（今安徽固镇濠城沱河南岸，一说今河南淮阳、鹿邑间）进行了一场战略决战，史称"垓下之战"。

汉军最终能够战胜楚军与韩信的功劳是分不开的。韩信之所以能够获胜与风筝的帮忙是密不可分的。

据说，垓下之战时，项羽的军队被刘邦的楚国军队围困，危在旦夕，项羽急忙向韩信求救。韩信赶紧召集能人贤士聚在一起商量营救的对策。强攻没有实力，挖地道更是不可能。

在众多提议被否定之后，韩信脑海不由得想到了曾经借助风筝攻下未央宫的办法，可是这次不是测量距离，而是想办法瓦解楚军的斗志，使得他们无心再战。

韩信突然转身问张良："这次营救项羽的重任落在你一个人的肩上了，你愿意冒这个险吗？"

张良上前抱拳说："只要能够救项羽将军，我干什么都愿意。"

韩信紧紧地抓住张良的手热泪盈眶。

韩信赶紧派人用牛皮做成一只巨大的风筝，让张良坐在风筝的上面，风筝载着张良飞到了楚军的上空，张良从怀中掏出长笛，吹奏起了楚曲。那些长年在外征战的楚军听到熟悉的楚曲，一股思念家乡的情感油然而生，有的默默流泪，有的干脆扔掉了手中的兵器，嚷嚷着要回家，无心再战。

韩信趁机冲进楚军的阵地，顺利营救出了被困的项羽全体将士。无论这个故事是否真实，它都说明在战争中风筝的作用是非常巨大的，没有风筝，可能韩信还要付出更大的牺牲。

韩信为刘邦战胜强敌项羽，那是功劳不小，刘邦对他的评价是："连百万之众，战必胜，攻必取，吾不如韩信。"但是功劳越大，越遭人忌恨，这就是功高震主。

高帝六年（前201年）冬，汉大臣陈平上书说韩信谋反。刘邦就听从陈平的建议，假装外出游玩，要与各路诸侯在陈（今河南淮阳）搞一个聚会，也下令叫韩信前来，韩信并不知其中有诈，欣然前往。韩信刚见到刘邦，二话没说，就被身边的武士抓住，押至洛阳，削去楚王封号，改封淮阴侯。韩信至此就开始称病不上朝。

高帝十年（前197年），代国相国夏阳侯陈豨谋反，韩信也举起了反抗刘邦的大旗。可是由于自己掌握军队的力量有限，要想以最少的力量取得最大的胜利，最好的办法就是"擒贼先擒王"，只有这样获胜的把握性才最大，于是他们打算首先攻打未央宫。当拿定主意时新的问题又出现了，如果明目张胆地去攻打未央宫注定是要失败的，因为未央宫防卫严密，城墙坚固，加上自己的实力，无疑是以卵击石。

最后，大家商量决定挖个地道直达未央宫里面，来个内应外合攻破未央宫。可是这个地道该挖多长才可以到达未央宫呢？需要多少人力呢？韩信沉思着，陈豨也紧紧皱着眉头，其他几位将军也时不时说出自己的办法，可最终还是被否决了。

突然，韩信惊叫一声："有办法了！有办法了？"

众人都惊奇地问："什么好办法？"

韩信故弄玄虚地道："暂时保密。快，快，给我准备一只风筝来。"

陈豨惊讶地道："你要风筝干什么？"

韩信笑着说："我自有妙用。"

将士找来了风筝，韩信赶紧爬上城楼放风筝，风筝随风飘到了未央宫的上空。韩信剪断了风筝线，将还系在风筝身上的线重新收起来。

众人顿时都明白了，陈豨笑哈哈地说："还是韩将军聪明啊！哈哈！"

韩信通过丈量风筝线巧妙地计算出了从自己这里到达未

央宫的实际距离，赶紧派人挖地道，这样既节省了时间，又节省了人力，并按照计算的时间很快将地道挖到了未央宫的里面，可是这一切未央宫里面的人毫无察觉。

这天，韩信派一部分人从城墙外面进行正面攻击，派另外一部分人从地道时，进入到未央宫的里面，当未央宫里的将士忙碌着迎战城外韩信的军队时，未央宫里却神不知鬼不觉地冒出一批韩信的士兵，使得未央宫的将士前面和背部同时受敌，两面夹击，最后以失败而告终，韩信顺利拿下了未央宫。

这次能够胜利可以说巧用风筝立下了大功，不过风筝在军事上的功能还不止这些。

梁武帝用风筝传诏书

梁武帝萧衍太清三年（549年）时，侯景叛乱，叛军将梁武帝围困于梁都建邺（今南京）。这就是历史上著名的"侯景之乱"。

侯景在进攻建邺城时遭到了强大的抵抗，使得侯景将士损失惨重。侯景急于攻下建邺城，可是损失如此之大，让他极为恼火，他冲着自己的将军大吼着："你们必须在天黑之前给我拿下建邺城，否则提着你们的脑袋来见我！"

这时，侯景身边的一位军师赶紧上前劝道："我有一言不知道该说不该说？"

侯景生气地说："有什么话赶紧说！"

军师道："我觉得当前并不是攻下建邺城的最好时机！"

"何时好？"侯景问。

军师道："建邺城作为南朝的都城，城里肯定粮草充足，兵强马壮，如果我们现在强攻必然失败。"

侯景觉得军师分析得有道理，便问："依军师看，何时才可以攻打？"

军师说："我们现在何不把建邺城围起来，切断一切进出城的通道，让城里断绝粮草，到时候我们不费吹灰之力就把他们束手就擒了！"

侯景一听果真这个办法很妙，立刻把将士叫过来："给我把建邺城围起来，不得让一个人进出，就连一只苍蝇也不得进出，违令者格杀勿论！"

侯景的士兵将建邺城围了个水泄不通。

一连几日梁武帝不见侯景再次来叫战，觉得不解，赶紧派人打听。回来的士兵回报，侯景派人把整座城都围了起来，不让任何人出入，凡是强行出入者立即斩首。

梁武帝身边的参谋立刻想到侯景一连几日不战的原因了，

便上前向梁武帝奏道:"我终于知道侯景为何多日不战了。"

梁武帝问:"为何?"

参谋说:"由于我们现在城里粮草充足,守城坚不可摧,如果侯景进攻必然损失惨重,于是,侯景将我们围起来切断我们供应粮草的一切通道,当我们城里的一切粮草断绝,人困马乏之时,侯景就会毫不费力地将我们擒住。"

梁武帝一听参谋说得如此危险,赶紧道:"你赶紧想想办法啊!"

参谋沉思了一会儿说:"现在唯一的办法,就是让太极殿外的太子萧纲来救援我们。"

可是,现在侯景将这座城包围的如此严实,我们怎么才可以通知到太子呢?梁武帝看着参谋。

参谋沉默着踱了几个步子,向梁武帝奏道:"您写份诏书,我通过风筝将它送到太极殿上空,太子看到了必然会来救我们的。"

梁武帝也觉得这是个好办法,赶紧动笔拟诏书。参谋同时派人制作风筝。

一会儿工夫诏书拟好了,风筝也做好了。

风筝上面系着诏书。也寄托着建邺所有人的希望,顺利地飞上了天空,人们都默默乞求太子萧纲能够看到风筝上面的诏书。

在城外的侯景士兵发现了飞在天空的风筝,赶紧来向侯景禀报:"天上飞着一个怪物,请看是何物?"

侯景和军师赶紧跑出帐外,一看也不知道是何物,此时,军师道:"这东西好像是从城里飞出来的,难道是城里的这些人想用妖术降服我们?"

侯景一听是城里的梁武帝想用妖术降服自己,立刻召来射箭高手:"把它给我射下来,看他怎么用妖术降服我们。"

很快梁武帝的风筝被射落下来,侯景才知道这是梁武帝在求援,于是,加紧了对建邺的封锁,无论地上爬的、水中游的还是天上飞的——一消灭掉。

梁武帝的救援迟迟无法到来,从此,南朝一蹶不振。

张丕巧借风筝来呼救

　　唐朝中期，藩镇割据日益严重，一些大藩镇吞并小藩镇，一些小藩镇为了扩张自己的势力范围互相征战不休，使得唐朝中期的人们民不聊生，苦不堪言。

　　这年，一藩镇的将军田悦带领大军围攻临洺城。田悦是唐朝魏博（唐朝方镇名，为安抚安史之乱后而设之河北三镇之一。治所在今河北魏县。位冀南大名县东北，继而又扩展至魏、博、卫、贝、澶、相等六州）节度使，公元781年，镇守镇州（今河北正定）的李宝臣卒，其子李惟岳求袭节钺；未几，淄、青（今山东青州）的李正也死了，其子纳亦求节钺都遭到了唐朝的拒绝。田悦一怒之下，联合李惟岳、纳亦等起来反对朝廷。

　　再说田悦带领大军围攻临洺城之事吧！当时镇守临洺城的是唐朝大将张丕。由于田悦率领的士兵众多，几乎将整个临洺城包围起来，而张丕的守军远远敌不过，只好整日悬挂免战牌。这下激怒了田悦。

　　这日，太阳刚一出，田悦就浩浩荡荡再次带领这士兵来进攻张丕，看到张丕还是挂着免战牌，大怒道："我本是来收拾你的，但是看在你也是一位英雄的份儿上，等你撤掉免战牌的时候，我们再决一高下，可是你每次都悬挂免战牌，这是什么意思？你不是在耍我田悦吗？我给你三天时间，如果三天之后，还是悬挂免战牌，我们就不客气了，你也别怪我不够义气！"

　　田悦气势汹汹地带领着士兵回到了临洺城外的营寨。

　　张丕也知道再这样拖下去绝对不是办法，三天就是最后的期限了。如果三天还没有想到更好的办法，必然是城破人亡。可是，现在被田悦围困在这里无法出城联络援军啊！张丕思前想后，终于想出一个办法，那就是用风筝将自己的求救信号发送出去，希望距离临洺城最近的大唐援军能够看到。最让张丕担心的是这个求救信号能不能发出去，如果发出去了，唐朝援军能不能收到呢？张丕最后只能死马当作活马医了。

张丕赶紧令人做了一只巨大的风筝，风筝里面写了一封给援军的求救信，放飞上了天空。风筝飞过田悦的营寨，士兵看见了赶紧将这一消息报告给了田悦，田悦连忙走出营帐外观看，有士兵提醒田悦，这可能是张丕向外求救的信号。

田悦急忙搭弓射风筝，想将它射落下来，可是连发数箭，箭箭落空，他有些生气地回了营帐。

此时，军师赶紧说："我们赶紧攻打张丕吧！如果那个风筝真的是求救的信号，等援军来了我们再想攻下临洺城就困难了。"

"什么？我说好了三天之后攻打就三天之后攻打，你难道让我做个不义之人吗？再说谁也不能确定那风筝就是求救信号啊！"田悦大声地说。

"可是，如果……"

"好了，什么也别说了！"田悦阻止了军师。

这只风筝飞到了千里之外援军的上空，士兵将这个消息告诉了神箭手，射下来一看居然是一封求救信，赶紧准备人马前去营救张丕。

三天之后，田悦看到张丕的城门上没有了免战牌，可是任凭田悦怎么叫战，张丕就是不出兵，田悦对临洺城发起了猛烈的进攻，但是遭到了张丕顽强的抵抗。

正当田悦再次发动冲锋的时候，只听见身后喊杀声震天，成千上万的援军如潮水一般涌向田悦的士兵，田悦这才知道那只风筝就是求救的信号，可是现在后悔已经来不及了。张丕一看援军来到了这里，发起了更加猛烈的还击。田悦前后受敌，寡不敌众，最后兵败阵亡。

举重

举重的历史

原始社会初期,人们为了猎取食物和防止猛兽的侵犯,不得不搬起或举起很重的东西,或者拿起有一定长度和一定重量的木棍进行自卫。为了有足够的力量,我们的祖先经常用举起重物来增强体质、练习力量和锻炼勇气,这就是最初的举重。传说中夏桀可以拉直铁钩,殷纣能够举起屋梁换下木柱。

举重在我国古代经历了三个大的阶段:一是举生活用具,二是举木铁制的举重器具,三是举石制的举重器具。由于举重器具的不同,其名称也有差异,如翘关、扛鼎、举石等都是古代举重的名称。

春秋时期举重称之为翘关。在《左氏春秋》里,有关大力士的记载就越来

孔子也是举重能手

越多。比如，孔子的父亲叔梁纥。那个时候的举重形式以翘关为主。关是城门的大木门闩，每天开闭城门便需要有人举起木闩上闩下闩。为了锻炼，有人便以举城门闩练力。

战国时有了扛鼎。鼎是古代的炊具，用青铜制成，三足两耳，轻则百斤，重则千斤。移动鼎时，是用一根木棍横插在鼎的两耳中，两人各扛木棍的一端，名为"扛鼎"。一人扛鼎练力则是用两手把鼎的两耳举起。《史记》记载秦武王好举鼎，有力气，还以高官厚禄招揽力士。《史记·秦本纪》记载："武王有力好戏。力士任鄙、乌获、孟说皆至大官，王与孟说举鼎，绝膑。"可见是武王举鼎过力，折断了腿骨。

唐代实行武举科考，举重被列为武考科目。不过唐朝时把举重叫翘关，对翘关的器具规格和举法作了明确规定。《唐书·选举制》载，翘关长一丈七，直径三寸半，木制（约合三百余斤），双手举十次，再手提翘关的一端走出一尺以外。这样的重量和举法，的确需要很大的力量，必须经过长期训练才能做到。武考科目中还有一个"负重"项目，即负重行走。"负重者，负米五斛，行二十步，皆为中第。"武则天在公元702年始设武举制，力士汪节一鸣惊人，举起渭水桥上的石狮子。唐太宗李世民选择军士的条件，要求"翘关五举"，"负米五斛行三十步"。

宋代以后多为举石。南宋临安已经有了举重表演艺人。这些举重艺人是如何表演的呢，《水浒传》中就有武松举石的故事，如果没有千百斤的力气，何能在景阳冈上赤手空拳打死吊睛白额大虎？

明清两代承续唐代的武举制度，在考试内容上略有变更，即将翘关的举重方法改变为掇石。据《清代科举考试述录》记载，武科考试分三场：头场试马步箭，二场试技勇，三场考兵法。技勇就是拉弓、舞刀、掇石三项。拉弓开弩，可练臂力，早在汉代，人们就注重这种训练，那时的开弩叫蹶张。

由于石制的举重器简便易得，我国各地民间都盛行举石锁、石担等活动。在少数民族地区也有举石运动。西藏布达拉宫壁画中有一组六人的举石比赛。藏族的举重还有一个活动是举皮袋，也就是举沙袋，将沙子装在皮袋中，然后上举。举皮袋也是传统运动项目，据《王统世系明鉴》载，都松芒布杰时期，有武艺高强的大臣七人，其中桂雅穷能将满盛沙子的鹿皮袋举起，且绕头旋舞，显然这是位举重健将。现在举皮袋仍然比较盛行，也是甘南民族运动会的项目之一。

藏族举重鉴于历史原因，以及物质条件、生活、生产劳动诸多因素的影响，具有独特的民族风格。虽然受现代体育的影响，规则越来越细，但仍保留了原有的民族特色。因为放牧而居住不定的情况下要经常搬家，而举重的杠铃又不好搬动，所以利用其装粮食的皮袋和石头，这些随家携带和满地皆是的东西开展比赛，简单易行，是值得提倡和推广的。

我国古代的举重，经历了举生活工具。特制木、铁举重器和石制举重器等阶段，反映了人民重视举重运动，不断改进运动器具，使举重能更广泛地在民间开展。

叔梁纥奋力一举救千军

鲁襄公十年（前563年），晋国的荀偃等率领几个诸侯国去攻打一个叫逼阳的小诸侯国。别看逼阳是个小诸侯国，可是兵强马壮，城池固若金汤，荀偃率领的诸侯将士进攻数次都被逼阳小诸侯国的强弓猛箭击退。

荀偃赶紧和其他几个诸侯国商量进攻对策，可是除了强攻，几乎没有想到更好的办法。

荀偃咬咬牙对身后的将士大声喊道："拿起盾牌，给我进攻！"

其他的将士跟在荀偃的身后向逼阳小诸侯国的城门进行再次进攻，可是这次逼阳小诸侯国没有像前几次那样强弓猛箭地射击，而只是零星地放了几支箭。

荀偃高兴万分地喊道："他们的箭用完了，我们赶紧攻击，一会儿这座城就属于我们啦！"

在荀偃身边的诸侯丞相劝荀偃："小心上当啊！凭着逼阳诸侯国的实力，不可能前面我们的攻击中就把箭用完了啊！"

此时，被即将到来的胜利冲昏了头脑的荀偃哪里听得进去诸侯丞相的劝说，只是挥动着大刀喊道："冲啊！冲啊！"

就在荀偃带着士兵快要冲到城门前，打算对城门进行强攻的时候，以前数次攻不下的城门此时自动打开了。

诸侯丞相更加觉得这其中有诈，可是还没有来得及劝说，只听见荀偃兴奋异常地高喊着："他们还是怕我们了，把城门打开迎接我们了！冲啊！"士兵随着荀偃涌进了城里。

就在荀偃带领的士兵有一半已经进城，另外一半还在城外的时候，突然，逼阳诸侯国城门的石门慢慢闭合，而且城上守军一边对冲进城里的士兵放箭、扔火把，一边对城外的士兵猛烈还击。刚冲进城里的荀偃还没有明白怎么回事，就遭到万箭穿心，火光从天而降，士兵和战马纷纷中箭而亡。人的哭喊声，马的嘶叫声，乱成一团。原来聪明的逼阳人想将入城的队伍拦腰截断，分割包围，各个击破。如果不及时打开城门援救已经冲进城里的将士，必然全军覆没。就在千钧一发之际，有人大喊一声："让我来！"只见一个身材魁梧的八尺大汉，一纵身跃过士兵的头顶，到达石门跟前，眼看城门就要合上了，他双手紧紧地抓住石门，一点点地往上抬，再使劲往上抬，他浑身的肌肉也逐渐膨胀起来，那石门也向上移动了一下，慢慢地石门移动到了他的腰间，一会儿石门移动到了他的肩膀处，终于他高高地举起了石门，城里的将士人马趁机逃了出来。

  据传说此大力士就是叔梁纥，他就是孔子的父亲，春秋战国时候的举石（举重）高手，正是他举起千斤石门，才使得城里的士兵得以撤退，避免了更大的伤亡。

秦国大力士孟说之死

春秋战国的时候，一些军事家特别注重士兵力量的训练，"一军之中必有虎贲之士，力轻扛鼎……若此之等，选而别之，爱而贵之，是谓军命"。把有力量的士兵挑选出来，特别优待，组织成特种兵，作为冲锋部队，可以起到摧毁敌阵的作用。

春秋时期的吴楚之战，吴军是孙武指挥的，就是"以多力者五百人，以为前阵，五战五胜，遂有郢"，用大力士组成的先锋部队摧毁敌阵，打败楚国，五战就占领了楚国的首都。战国时期最为重视练力，而秦国用高官厚禄将这些大力士招收到本国来效力。因此，有名的乌获、任鄙、孟说等人纷纷来投奔秦国。

后来，乌获当上了将军，任鄙被封为汉中郡太守，可以说都是高官厚禄了。

然而，不幸的事情也发生了。

秦国的国君武王也是一个大力士，而且年轻气盛，争强好胜，虚荣心强。

这年，秦武王率军东征，当然选拔来的大力士也跟随，来到了周朝的宗庙里，看见里面陈列着好多大鼎，其中有一只大鼎上铸着秦国的地图，足足有千斤重。

秦武王便笑着问乌获："你能够举起这只大鼎吗？"

乌获没有立刻回答，而是绕着这只鼎观察了一圈。他明白秦武王好胜心强，如果自己举起来，那么秦武王肯定要试举，若发生什么意外后果不堪设想。

于是，乌获笑笑道："这只鼎实在太大太重，臣难以举起。"

这时，站在一旁的孟说觉得同是大力士的乌获举不起这只大鼎，正好是显示自己实力的时候，于是他上前一步说："让我试一试。"

孟说说完走到大鼎跟前，活动了一下身体，伸出双手握住鼎耳，将鼎轻轻提起，慢慢举过头顶。

秦武王一见孟说如此轻松地举起了千斤大鼎，忙走下王位说："让我也来试试。"他走到大鼎跟前，用尽全身力气将大鼎举了起来。

众臣齐声高声喝彩："大王真的是神力啊！"

这一下提起了秦武王的兴致，他想："我和孟说都能够举起这鼎来，不能说明什么啊！我作为大王总要超过他一点，才可以显示我比他强大，要不多没面子啊！"

于是，秦武王走向一只更加巨大的鼎前，挽了挽袖子，谁知道刚移动了鼎的身体，秦武王的力气已经用尽了，鼎从手中滑落掉下，砸断了腿骨，顿时鲜血直流。

这可把众臣吓坏了，赶紧跑过来帮忙："大王，大王，你没有事吧！"

最终，秦武王由于流血过多，当场一命呜呼。

虽然这事和孟说无关，但根据封建社会的法律维护君权，臣下不能阻止君王的过错行动便是大逆不道，不仅孟说因此获砍头之罪，还连累了他一家老小，也都被杀冤死。

田径

田径的历史

田径在我国古代史籍上就是跑、跳、掷，跑或称走、趋、奔。跳的异名很多，如踊、逾高、超远、跿跔、超距，就是跳高和跳远。掷，就是投。

跑、跳、掷是人类生活的基本能力，在人与自然界的斗争中是离不开这些能力的。人类通过各种活动，显示出一些奇才异能，于是就成为人们敬慕和幻想的对象。"夸父逐日"就是古代人民为颂扬长跑英雄而创造的富有想象力的神话。

到了春秋战国时期，有文字记载的长跑事例就更多了。战国时期，战术已经改革，由车战改成大兵团的步兵作战，"兵之情主速"。步兵的移动主要是靠走、跑来完成，因此长跑训练就成为军事训练的重要内容。大军事家孙武子被聘为吴王阖闾的军师，他就重视军队长跑能力的训练，命令士卒穿全副甲胄，拿作战的武器，跑完三百里路，才准许宿营。通过一段时间的训练，选拔了三千个长跑能力最好的人，组成先锋部队，进攻楚国。由于运动速度快，趁其不备，"五战五胜"，很快就占领了楚国的首都郢城。

秦汉以后，步兵虽仍是军队作战的主要兵种，但没有了大兵团的步兵战斗，而是步骑的混合兵种作战。长途追击由骑兵担任，步兵主要是短距离的突击，所以在跑的训练上就偏重于短跑训练了。

唐代的兵书《太白阴经》说："探报计期，使疾足之士。"侦察敌情，传递情报，要求迅速，就要使用跑得快的人。《宋史·兵志》上规定，招募新兵时要"先度人材，次阅走跃"，跑和跳都是招募新兵的必要条件。明代抗倭名将戚继光，在他练兵经验的《纪效新书》中说："平时各兵须学趋跑，一气跑得一里，不气喘才好。"这说明各个朝代的练兵都注意短跑的训练。

唐代的军队也重视跳跃能力的训练，《太白阴经》记载："逾越城堡，出入庐舍而无形迹者，上赏得而聚之，名曰矫捷之士。"宋代募兵也要测试跳跃能力，岳飞练兵就是穿着双重的铠甲跳壕。这说明我国古代的跳跃，是作为一种军事技能的训练项目，受到历代军事家的重视。

元末明初，陶宗仪在他所著的《南村辍耕录》中说，元代有一种长跑比赛叫贵由赤。"贵由赤者，快行是也。每岁一试之，名曰放走。在大都，则自河西务起程。若上都，则自泥河儿起程。越三时，走一百八十里，宣抵御前，俯伏呼万岁。"古代一天是以十二个时辰计算，三时即现在的六时。六个小时跑完一百八十里路，一个小时跑一万五千米。

除了跑，跳也是田径运动的一项重要内容：在《六韬》《吴子》等战国兵书中，都记载有这样一项内容：选择善投掷、善跳跃的士卒组成特殊兵种进行训练。南北朝时

夸父追日

期,民间曾经流行着一种跳跃运动,叫作"赌跳",就是比赛跳高。当时刘宋皇帝也鼓励大臣、士兵进行跳高比赛,这对跳跃运动的发展起到了很大的推动作用。

投是田径的另一项重要内容。战国时期,秦国为了统一全国,曾经在军队中通过一种"投石超距"的训练方式,让士兵练习投掷,增强臂力,极大地提高了军队的战斗力。从汉代起直到唐代,军队对于有投掷技能者都是"具禄封进",进行嘉奖。

到明清时期,投掷运动出现了多种方式,包括工具都有改进,像蒙古族的投掷运动"布鲁",就有多种投掷形式,如投远、投准等。这对现代体育中包括铁饼、标枪、铅球等在内的投掷运动的发展都有很大的影响。

吴王偷鸡不成反蚀把米

春秋战国时期（前487年），吴王夫差率兵驻扎在泗水的上游准备随时攻打鲁国。鲁国国君得到消息后非常着急，急忙命令大夫微虎担任这次抗敌的将军。为了战胜吴军，大夫微虎赶紧从自己的队伍中挑选人组建夜袭队，准备在晚上偷袭吴王的兵营。

大夫微虎挑选士兵特别严格，选择标准是能"三踊于幕庭"者，即三次能跳过障碍者。微虎挖出了丈八宽壕沟，让士兵顺利三次跳跃过壕沟才能够进入夜袭队。结果只挑选出不到百人，大夫微虎觉得这些人太少了，无法给吴王造成巨大的创伤，于是决定赶紧训练一批能够"三踊于幕庭"者。

这次，大夫微虎训练的条件更加严格，还将壕沟拓宽了一些，许多士兵看见如此宽的壕沟腿就直发软，只能眼睁睁地往壕沟里面跳。大夫微虎看着这条壕沟并不是最大的极限，如果士兵连这也跳不过去，怎么能够战胜吴王呢？

大夫微虎的着急是那些士兵没有办法理解的，他对全体士兵说："如今强敌就在门前，如果我们现在不刻苦训练，我们的脑袋就可能掉在敌人的刀下。"

有士兵站出来说："这个壕沟实在是太宽了！"

大夫微虎道："你想象一下，如果这个壕沟的下面就是敌人的刀，怎么会跳不过去呢？如果跳过去了就是生，否则就是死路一条。你们是愿意生呢，还是愿意死呢？"

大夫微虎本来是鼓舞士气的，不过他脑海突然出现一个想法："为什么不真的在壕沟里插着刀子训练呢？但是如果真的插着刀子，万一掉下去伤了他们自己怎么办？让他们提高警惕刻苦训练才是真正的目的。

大夫微虎突然想到了一个主意，现在停止训练，所有的人到山后的竹林砍一根竹子回来。

士兵们都不知道微虎想的是什么训练办法，既然下命令了只好到后山砍了一些竹子回来。微虎又命令道："将这些竹子给我砍成一尺长，然后将一端削尖。"

士兵照着做了，微虎又命令部分士兵将这些削尖的竹子露出半尺，埋在壕沟里。

此时，士兵都明白了，大夫微虎为何突然要停止训练而上山砍竹子削竹子了。

将这些竹子埋好之后，微虎对大家说："如果再有谁偷懒不想往对面跳，而是直接往壕沟下面跳，可以，只要你们不怕自己的屁股开花就行。"

其中有一个士兵自从训练到现在，就没有跳过去一次，更何况现在壕沟里插满了锋利如刀的竹子呢？看来他只有死路一条了。

他向前一步带着满腔的恼怒大声说："我知道我跳不过去，如果我不去跳枉做男人，如果我去跳就是死，即使死在这里，我也算是个真正的男人！"

说着，他后退几步然后加速向前快跑到壕沟边腾空一跃，当他睁开眼睛以为自己死了的时候，围观的士兵一片欢呼，他高兴地站起来大叫着："我跳过来啦！我跳过来啦！"

其他的士兵一看连最差的士兵都跳过去了，自己还有什么理由跳不过去呢？于是纷纷上前试着跳，结果都跳过去了。

大夫微虎对这样的结果很满意。在几天的突击训练结束之后，从千人中挑选出了四五百名很优秀的士兵，作为偷袭的主力军。

大夫微虎刻苦训练士兵的消息传到了吴王夫差的耳朵里，吴王吓得彻夜未眠，一直感觉有人要偷袭他，一夜睡觉换了三个地方还是不得安宁。他知道鲁国早有准备，进攻难以得手，便急忙派使者与鲁国谈判。

最后，吴王不仅同意撤军，而且还将自己的一片土地白白送给鲁国，以求得安宁。吴王真可谓偷鸡不成蚀把米。

秦国投石军击败楚国军

公元前224年，秦王嬴政统一六国的进程加快——秦楚之战爆发。

秦国派大将王翦带了六十万大军，来到楚国边境后，连营十余里，坚壁固守，但并不急于与楚军作战，而是整天玩"投石""超距"，天天好吃好喝，游戏玩乐，就是不打仗，一连数日都是如此。

楚国知道秦军来了，动员全国的的军队集中进攻，来到王翦营前挑战，可是王翦营帐前却高高悬挂免战牌。楚军来了数次王翦都悬挂着免战牌。这让来回折腾的楚军极为恼火。

这天，楚军将军愤怒地冲着王翦营帐大喊道："大胆秦国竟敢来犯我国，你们不想活了吗？赶紧出来受死吧，不要做缩头的乌龟！"

任凭楚军将军在营帐外喊破了嗓子，王翦就是不出去迎战。最后，楚军无奈地鸣锣收兵回去了。

在此后的时间里，楚军的人马来叫战数次，王翦依然不应战，楚军看到以前瘦弱的秦国士兵逐渐强壮起来，可是为什么不出来应战，而是整日像小孩子一样玩投石呢？楚军将士不知道秦军葫芦里到底卖的什么药。

这样的情况一直持续了一年。王翦之所以不着急进攻楚国，主要原因是：一是士兵经常征战，体力不支，需要休整；二是楚国不适合强攻；三是训练进攻有效的新式军队——"投石军"；四是反复不战能挫败对方士兵的锐气；五是减弱楚军的警惕。

一年以后，王翦问手下的人："士兵们现在在干什么？"

手下人说："士兵们天天吃饱喝足了就扔石块，看谁扔得又远又准。"

王翦很高兴："好！这就好！"

王翦觉得自己的士兵一年养精蓄锐够了，而就在这个时候，楚军因为挑战了一年，却打不成仗便开始调防，把军队向东移动，防卫秦国的警惕也远远不如以前，很松懈。

王翦觉得趁楚军移动的时候是进攻楚军的最佳时机，赶紧召集士兵，说："这一年大家好吃好喝，病也养好了，身体也养结实了，现在就是检验你们训练投石的时候了。这次不仅要看谁投射得远，更要看谁投射得准，我希望一块石头不仅仅击倒一个秦军，而是三个、五个、十个……出发！"

王翦突然调集精兵追击楚军。楚军转身抵抗秦军，可是还没有冲到秦军的跟前，只见从秦国的阵营中飞出密密麻麻的东西，一会儿一块块巨石从天而降。毫无防御的楚军倒下一大片，这时候他们才恍然大悟，原来秦军整日玩投石是为了对付自己，可是后悔已经来不及了。

楚军越向秦军冲击，石头的力度越大，伤亡也越大，楚军不得不掉头逃跑，秦军紧追不舍，将前面投掷出去的石头再次捡起来投掷向楚军，一块石头反复投掷，楚军哪有空中飞行的石头跑得快。楚军伤亡惨重，秦军却没有一个伤亡。

第二年，王翦和蒙武攻入了楚国最后一个都城寿春（今安徽寿县），把最后一个楚王负刍抓住了，这样楚国基本上就被消灭了。但是还有一个人叫项燕，就是项羽的祖父，在淮南又拥立了一个楚王的后裔叫昌文君，重新起兵反秦。王翦和蒙武又带兵到淮南，和项燕作战，结果项燕兵败自杀，昌文君也被杀，楚国最后的力量也消亡了。

第三年，也就是公元前222年，王翦又降服了越君，就是楚国南部越族人居住的地方，算是彻底平定了楚地。

杨大眼成功圆了将军梦

北魏太和年间，孝文帝南伐，命尚书李冲挑选随征的军主官。

虽然来应征的人不少，但是真正能够上战场的人，倒也没有几个。这让全权负责招兵买马的李冲着急万分，没有士兵，如何打仗啊！李冲的原则是宁缺毋滥，如果为了凑人数什么人都招进来，那可是会耽误大事的。于是，最后为了挑选真正精干的士兵，决定派一些手下深入大街小巷宣传招兵的事情。

这个办法还真的很有用，这天，一位人高马大的人前来自荐随征："我叫杨大眼，我觉得我能够当军主官。"

李冲笑着看了看其貌不扬的杨大眼说："就你啊！想当官，你有什么本事啊？赶紧回去吧！"

杨大眼突然觉得自己一身功夫无用武之地，赶紧说："我跑得比别人快。"

李冲笑道："这是去打仗，不是去赛跑，再说你能够跑得有多快呢？"

"你不相信，我跑给你看。"说着杨大眼拿出大约三丈长的绳子，系在脑后的发髻上，转身就跑。杨大眼跑起来箭步如飞，发髻上的绳子如射出去的箭一般与脑袋垂直，就是马匹疾驰也难以追上。

围观的人都被杨大眼的神速惊呆了，就连一直觉得自己厉害的李冲也自叹不如地说："自千载以来，从来没有见过这样的人才啊！"于是，杨大眼被选为军主官。要知道，一根三丈长的绳子系在发髻上，跑动后像离弦之箭那样笔直，而且骏马飞驰尚不能赶上，这实在是常人难以做到，难怪骄慢的李冲也不得不叹服，委他为军主官。杨大眼被选为军主官以后，跟随孝文帝、宣武帝南征北战，屡立战功。

世人仰慕杨大眼的神勇智慧和奔行如飞，以至杨大眼从前线回到洛阳时观者如市，为的是一睹这位神人的风采。

叶子戏

叶子戏的历史

纸牌在中国历史很悠久，源远流长。有人说它产生于西汉，是由韩信发明的；也有人说产生于唐代，唐时将这种游戏称为叶子戏。《世物纪源》载："唐末时有叶子戏，唐贺州刺史李撰叶子格。"史称："唐李出任贺州刺史，和妓人叶茂莲在江中慢行，因撰骰子选，谓之叶子戏。"

叶子戏产生以后，在士林中广为流传，渐渐影响日广，风靡一时，备受士庶百姓的喜爱。人们在劳作之余和茶余饭后，便都要一试身手，玩玩这种既锻炼智力又富于情趣的游戏。这种游戏可以因人、因地、因时、因物的不同而可繁、可简，既可以赌钱增加刺激，又可以以输赢竞争取乐。因此，叶子戏产生以后，这一娱乐形式历经千百年，长盛不衰。

叶子戏到宋时得到了极大的发展，朝野都喜欢这种游戏。宋太祖赵匡胤就极喜欢叶子戏，而且精于此道。赵匡胤经常在深宫中和宫人玩这种游戏，且乐此不疲。赵匡胤还制有叶子戏消夜图,让宫人练习借以消夜,《茶余客话》中即载有叶子戏消夜图。宋学者吴处厚的《青箱杂记》中记载说,宋大臣杨大年醉心叶子戏,有一次他和朋友们玩此戏正酣,有客人登门造访,熟悉杨大年脾气的门人竟不敢上前通报,直到他们尽兴为止。

叶子戏不仅在中原汉人地区流行,还传到了北方广大地区。辽宫中的后妃和宫人就极喜好叶子戏。《辽史》记载说,辽穆宗好以叶子戏为乐,不仅和后妃、宫人玩这种游戏,还和群臣以此游玩。史载辽穆宗应历十九年正月朔日,穆宗大宴宫中,不受朝臣拜贺,吃饱喝足以后,和群臣玩叶子戏。辽代宫中的宫女们迷恋此戏,有首宫词对此作了极生动的描述:

脱却鸾靴换凤鞋,深宫女伴笑相偕。

闲铺叶格花间戏,输去同心七宝钗。

叶子戏在明代又有了进一步的发展,在叶子戏的基础上产生了一种新的游戏马吊戏。马吊戏和叶子戏有许多相同的地方,玩法大同小异,都是纸做的。马吊戏和叶子戏同时在明宫中流传,深受后妃和宫人的喜爱。明代朝野对于叶子戏和马吊戏的喜爱超过了明以前的任何一个朝代,他们在牌场上争胜,一较输赢得失,玩得有滋有味,明代的文人墨客还将这一游戏著书立说,更使这一游戏传遍长城内外、大江南北。

明代的《叶子谱》《马吊牌经》等叶子戏专著对于这一游戏的传播起到了巨大的推动作用。到了清代,纸牌的游艺斗胜种类繁多,热闹得无以复加。清时的纸牌游戏包括叶子戏、马吊戏、游湖戏、麻雀戏、混江戏等,不一而足。清代宫中的许多纸牌留传下来,保存至今。故宫博物院所藏清宫纸牌极多,制作

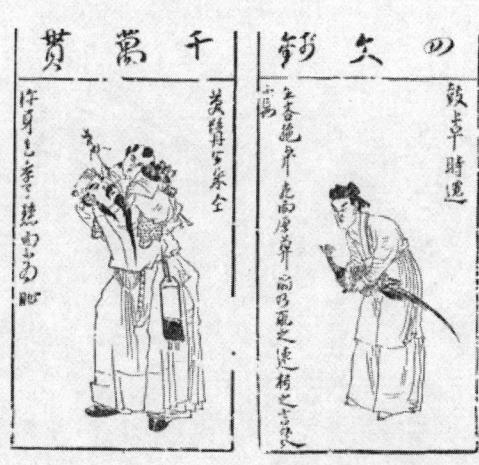

人物叶子戏

十分精巧，质地异常精良，包括人物、花鸟、故事等种类。

清代的帝后嫔妃和宫女、太监都喜好纸牌，借此消磨时光。清代宫中流行纸牌游戏，超过了明代。不仅宫中如此，朝野文人士大夫也嗜好成性。康熙时，文人士大夫就喜马吊戏成风。

麻雀戏是由明代的马吊戏发展而来。它起源于宁波沿海一带，后风行各省，最终传入京师和宫廷。史称："肃亲王善耆，贝子载振皆以叉麻雀为自豪。"清末掌权达四十八年之久的慈禧太后也极好纸牌戏。史称："孝钦后尝召集诸王福晋、格格博打麻雀戏。"慈禧晚年时，静坐深宫无事，常以麻雀戏为乐："奕劻遣两女入侍慈禧太后，每日挟金数千和太后博戏。"

清宫的《水浒》人物纸牌，每套一百二十张，每张上绘人物图像，上方、下方标有万万贯、千万贯等字样。晚清时，西洋扑克牌传入清宫，宫人们又多了一种新的纸牌花样。

韩信用树叶让将士开心

相传早在秦末楚汉相争时期，大将军韩信率兵远征。

这天，韩将军率领着大队人马走到了一个前不着村后不着店的地方，此时，士兵已经没有吃一口饭喝一口水走了三天三夜，不是韩信不给士兵吃饭，而是携带的粮草已经用完了。队伍人困马乏，走也走不动了，前几次，当士兵感觉既渴又累时，韩信总是鼓励他们："大家赶紧坚持往前走，到了前面的村子就有水和饭吃了。"

可是现在呢？一直走却没有遇见村子，依然没有水喝没有饭吃，却陷入到了这个荒郊野外，士兵们有些绝望了。

人在最困难的时候容易思乡。这些长年在外作战的士兵，身心疲惫，倍感生活单调枯燥，无时不在忍受思乡之苦，导致精神萎靡不振，甚至抑郁成疾。

韩信看了看遥远的前方，又看了看饥渴劳累困扰的摇头晃脑的士兵，再也无法张开嘴说前面有水喝有饭吃。于是，韩信对大家说："停止前进，原地休息。"

士兵们哗啦啦都倒在地上休息，疲劳是慢慢休息可以缓解的，可是饥饿却随着时间的推移越来越难以忍受。

韩信蹲在地上想着，如何才可以让士兵忘记饥饿，忘记劳累呢？也就是如何让士兵们忘记周围的一切呢？他惆怅而又无聊地在地上画着一些乱七八糟的东西，突然，一种东西出现在了他的脑海里。

韩信赶紧掏出身上皱皱巴巴的一小片纸张，如此小的纸张如何够做这个游戏呢？为了能够让这张本来很小的纸张发挥最大的作用，达到娱乐的效果，韩信将这张纸撕成如叶子一般大小，并且在每个上面画上了所代表的意思。制作结束后，韩信对身边的几个士兵说："我教你一种可以忘记一切饥渴劳累的办法。"

这些士兵一听立刻对能够克服当前最大困难的方法非常感兴趣，问："什么东西？"

韩信笑着说："过来，我教你怎么玩。"

立即凑过来四五名士兵，韩信给每人分一些叶子一般的小纸片，手把手教他们如何玩这个游戏。其他士兵一看这边围着这么多人也跑过来看热闹。顿时，韩信被围得水泄不通。

一会儿工夫，这几位士兵学会了，嘴里不停地说："好玩，好玩，真的很有意思！"

越这么说，其他无法玩得上的士兵就越想学。可是没有那么多的纸张制作这种游戏，韩信不由得将目光落在了路边的树上，顿时有了主意。

"大家谁还想玩这个游戏啊？"韩信故意问。

士兵几乎异口同声地说："我想玩，我想玩。"

"好，既然大家都想玩，每个人从树上摘十片叶子下来。"

士兵们纷纷摘了些叶子拿到韩信的面前，韩信在每片叶子上画上所代表的意思，然后再教他们如何玩。

不久，许多士兵学会了玩这种游戏，而且很快入迷了，很少再有人嚷嚷着饥饿劳累了。

韩信觉得出发的时间到了，赶紧说："大家现在赶紧前进，在前面一站休息的时候，我们坐下来接着玩这种游戏。"

那些对这种游戏入迷的士兵一听到前面一站还能够玩这种游戏，便加快了前进的步伐。

又经过两天的行走，终于到了一个有村庄的地方，韩信的军队也就有了粮草。

后来人们将这种像树叶大小一般的纸牌称为"叶子戏"。"叶子戏"也因此成为纸牌的先祖。

痴迷叶子戏误揍新朋友

宋太祖赵匡胤极喜欢叶子戏，而且精于此道，经常和宫人玩这种游戏，乐此不疲。

所谓上梁不正下梁歪，有什么样的皇帝就有什么样的大臣。大臣杨大年就是个叶子戏迷。除上朝之外，杨大年其余大部分时间都在和人玩叶子戏，通宵达旦玩叶子戏对他来说是再正常不过的事了。

这天，杨大年正在与新认识的朋友玩叶子戏，这时有老朋友来访，佣人赶紧将客人领进客堂，说自己马上前去禀报杨大年。可是佣人却跑到屋后的几个佣人跟前。这位佣人还没有张口就遭到了其他佣人的嘲笑："这回有你好看的。"

这位佣人愁眉苦脸地说："哎呀，大家别只顾看我笑话啊，说不定下次你也会遇上这样的事的，你说怎么办啊，快帮我出出主意啊！"

"我们猜拳，谁输了谁就帮助你去通知杨大人，怎么样？这样公平吧！"有佣人出了这样一个主意，看来只有这个主意了。

结果，还是这个佣人输了，他只好硬着头皮去请杨大年了。通知客人来访应该是很正常的事，为什么这些佣人却这样害怕呢？

原来，杨大年脾气暴躁，在他玩叶子戏的时候任何人不得前去打扰，否则就是拳打脚踢。已经有好几个佣人在杨大年玩叶子戏的时候去禀报一些事情，被打破了脑袋，打掉了牙齿，甚至还有被打断腿的。所以，当杨大年玩叶子戏的时候去禀报事情，在这些佣人看来是最恐怖的事情，因此，都不敢去靠近杨大年。

这位佣人一直站在杨大年的身边就是不敢开口，怕自己遭到毒打。这一站就是一个时辰，也巧，杨大年在玩叶子戏的空隙要起身上厕所，佣人这才壮壮胆将客人来访的事给说了。杨大年跑到客堂一看原来是自己的老朋友，他也是玩叶子戏的高手。

"你怎么来了啊？"杨大年对这位朋友的来访似乎有些惊讶。

"我是来找你玩叶子戏的。"客人说。

"好，好，没有问题。"

于是，杨大年就与这位老朋友玩起了叶子戏。

刚才与杨大年玩叶子戏的新朋友，以为杨大年还在上厕所，左等右等，足足两个时辰过去了，还是不见杨大年回来，就着急了，便到处找杨大年，来到客堂一看，原来杨大年早已在这里玩得热火朝天。新朋友非常生气，心想："不和我玩叶子戏早说啊，把我扔在那里等了你两个时辰。"

这位新朋友不是很了解杨大年的脾气，打算狠狠说一通杨大年来解气。可是还没有走上前就被佣人拉住了："您还是别上前了。"

"为什么啊？我足足坐在那里等了他两个时辰，他却在这里玩，这不是耍我吗？"新朋友很生气。

"您别生气，也许您还不是很了解我们主人的脾气，如果在他玩叶子戏的时候，有人去打扰他，他就打谁。"佣人劝道。

"我就不相信，他连我也打。"杨大年的这位新朋友不相信。

"您听我的，我们已经有人挨过揍了。刚才您与我们的主人玩叶子戏，我在旁边站了近一个时辰，要不是他上厕所，我还不敢说现在这位客人来访的事。"

赵匡胤

"我不相信。"这位新朋友说着便上了前，刚张口说："杨大年你……"

那位新朋友话还没有说完，杨大年突然站起来大怒，一拳打在这位新朋友的眼睛上："没有看见老子在玩叶子戏吗？"

新朋友一个趔趄倒在地上，捂着眼睛说不出一句话来。杨大年此时才看到自己打的不是佣人，而是自己新认识的朋友，赶紧上前道歉："实在对不起，你看……"

这位新朋友推开杨大年的手，站起来什么话也没有说愤愤离开，留下不知所措的杨大年和站在一旁胆战心惊的佣人，而那位老朋友则专心盯着手中的叶子戏……

雍正袖藏纸牌戏识君子

清朝的时候叶子戏可以说发展到了炉火纯青的地步,当然这个时候的叶子戏是叫纸牌,无论后宫的嫔妃还是小宫女、太监都喜欢玩纸牌,借此消磨宫中苦闷的生活和无聊的时光。

雍正初年(1723年)元旦夜晚,殿元(科举制度中状元的别称之一,因系殿试一甲第一名而得名)王云锦邀请最好的朋友张元等到家中来玩纸牌,几乎玩了一个通宵,可是大家都丝毫感觉不到困倦。天快亮的时候大家都没有结束的意思,可是意想不到的事情发生了,丢失了一张纸牌,所有地方都找遍了,就是找不到那张丢失的牌。最后,王云锦带着歉意送走了意犹未尽的朋友。

朋友走后,王云锦继续找那张丢失的牌,结果也没有找到,他便倒头在床上睡着了。

当王云锦正在酣然入梦的时候,雍正皇帝却已经在朝堂上坐着,看着几乎到齐的文武大臣,就差王云锦一个人,雍正很生气:"这个王云锦都什么时间了还不见来上朝,不上朝也得打个招呼请个假啊!是不是现在还在玩纸牌?"

雍正问大臣:"你们谁知道王云锦为何迟迟没有来上朝啊?"

许多大臣都说不知道,甚至有的大臣还在替王云锦开脱,也许今天他生病了,也许他今天家里突然有急事等。

雍正又问道:"张元,你不是王云锦最好的朋友吗,你知道他为何不来上朝吗?"

大臣张元赶紧上前奏道:"臣不知道王云锦为何没有来上朝,但臣知道他一向如此。"

雍正看了看张元什么话也没有说,可是他心里却带着气愤,心想:"今天不上朝了,我就坐在这里等着你王云锦,如果你诚实的话，今天的事就当没有发生；如果胆敢对我撒谎，我就用欺君之罪给你定罪。"

雍正皇帝高高坐在朝堂的中央，不说一句话，只是专心等着王云锦。下面的大臣窃窃私语着雍正今天的反常举动，以及王云锦不见上朝的原因。

大概一个时辰之后，王云锦衣冠不整，急匆匆地跑进朝堂跪下给雍正请安："皇上万岁，万岁，万万岁！"

雍正问道："今天为何迟迟不见来上朝？"

王云锦边磕头边说："臣知错了，臣睡觉忘记了起床，所以来迟到了，请皇上息怒！"

雍正接着问："看来昨晚很累啊，连上朝的时间都忘记了！昨晚所干何事如此之累？"

王云锦说："昨晚臣玩纸牌一夜。"

雍正问："你和谁在玩牌？"

王云锦说："臣与朋友们玩。"

雍正又问："在玩牌的过程就没有发生什么事？"

王云锦说："天亮的时候丢失了一张纸牌。"

雍正笑道："抬起头看看，是不是这张纸牌？"

王云锦抬起头一看，只见雍正从袖子里拿出一张纸牌，这张纸牌不是别的纸牌，正是丢失的那张纸牌，它怎么会到皇帝的手中去呢？王云锦惊讶得无话可说。

雍正从龙椅上走下来说："你起来吧！"

王云锦跪着不肯起来："臣错了，臣不该因为痴迷玩纸牌而耽误上朝，耽误皇上和大臣的时间，更不该耽误国家大事，请皇上给臣定罪吧！"

雍正扶起王云锦，转身对张元说："你过来！"

张元走到雍正跟前。

雍正却对王云锦说："交朋友一定要小心谨慎，不能交那些你把他当朋友而他背后却想置你于死地的朋友。这样的朋友既然可能背叛你，也可能背叛朝廷。"

张元一听吓得跪倒在地："皇上，臣错了！臣再也不敢了，臣甘愿受罚。"

雍正严肃地说："这样吧，你也上年纪了，回家好好安度晚年吧！"

王云锦一听雍正要把自己的朋友赶出朝堂赶紧求情："请皇上息怒，我的错与他无关，要惩罚就惩罚我吧！"

雍正说："我意已决，谁劝说也没有用。"

张元谢过雍正转身离去。

原来，在王云锦家中玩牌的时候，是张元偷走了那张纸牌，并且一上早朝就将这张纸牌送到了雍正的手中，并且还说了许多王云锦只顾着整日玩牌不理朝政的坏话，然而让张元没有想到的是，搬起石头却砸了自己的脚。

百戏

百戏的历史

百戏，也就是现在的杂技。它是一种集智慧、勇敢和毅力于一身，充分展示人类无限创造力、可塑性和冒险精神的古老表演艺术。表演者以健美有力的形体动作与灵巧迅速的手法，表演出各种难度高、惊险动人的技术。一般来说，杂技除包括手技、蹬技、踩技、车技、爬竿、走索以及各种民间杂耍外，通常也将戏法、魔术、马戏、驯兽列入杂技类中。

中国杂技已有两千多年的悠久历史。据研究，早在春秋战国时期，中国古代杂技七大门类，即力技、形体技巧、耍弄技巧、高空技艺、幻术、马戏和滑稽均初具雏形。到汉代，杂技系统已基本建立，表演艺术粗具规模，艺人队伍也逐渐专业化。汉代综合表演艺术"乐舞百戏"中，已有走索、倒立、扛鼎、缘竿、戴竿、跳丸、幻术、马术等多种与乐舞伴奏一起表演的杂技项目。其中幻术据载系安息王为答谢汉武帝而派使访问，由使节带黎轩（今埃及亚历山大港）幻术东来献艺而流传入中国并逐渐民族化的。此外，汉代还吸收了传自西域的吞刀、吐火、自缚自解等魔术，表演者被称为"眩人"。

魏晋南北朝时期，几乎各朝都将杂技作为乐制的一部分并加以整理修订。当时，像汉代那样气派非凡的"鱼龙曼衍"之戏已不多见，但一些技巧性强或与武事活动相关的杂技，诸如幻术、骑术、撞技、投掷技等十分盛行。隋唐两代，杂技艺术由于统治者倡导，发展空前。隋炀帝规定每年正月所谓"万国来朝"时，都要举行盛大的百戏演出，使之从此成为定制。这一时期杂技除继承先秦流传下来的跳丸、掷剑等项目，还吸收了汉魏以来传自西域各国的诸如倒行、足舞之类项目，使杂技发展为门类众多、流派纷呈的一种普及性、大众化的表演艺术。其门类有拟兽技、空中技、缘竿之戏、呈力技、丸剑技、倒立技等。杂技到宋、元时期也得到了进一步发展。其主要表现为杂技不仅在宫廷、城市中演出，还遍及各地乡村，成为一种人们喜闻乐见的大众娱乐艺术。如宋时宫内设百戏教坊，而民间则有流落江湖、鬻艺为生的百戏艺人。

北宋时，每年正月十五元宵节，京城皆举行杂技表演，一时"百戏竞作，歌吹沸腾，士庶纵观，车骑填溢，欢呼震动"。宋元时杂技也达到十分高超的水平。如宋代魔术已能"弄假象真，将无作有，逡巡酒熟，顷刻花开，变化万端，奇巧万状"。至明代，杂技除仍作为皇帝观赏项目之一外，它在民间得到蓬勃发展。明代民间杂技大抵分为与戏剧结合的演出、以谋生为目的的专门性杂技团体以及时令节日时群众性演出三类。这一时期，开始对各种节目作较为详细、具体的记载，如扒竿、筋斗、跳圈、叠案、弹弓……都有细致的动作描述。由此可见，当时杂技的某些技艺，较之近代杂技已毫不逊色。从明人黄一正《事物绀珠》"百戏类"中所列举杂技项目看，近代杂技一些主要项目在明代已应有尽有，并至清代一直流传不衰。而清代杂技除承袭明代传统外，在形式上还出现了逢节日、集市、庙会时边走边演的杂耍把戏，称"走会"。走会演出节目有开路会（耍飞叉）、五虎棍会、少林棍会、白蜡杆会、双石担会、杆子会、狮子会、幡会、秧歌会、坛子会等。清末光绪年间还出现"杂耍馆"，开始在舞台上表演杂技。清代杂技中较著名有射鹄、顶竿、爬竿、摔跤、倒喇、戏法、弄盆子、踢箭、皮条、扯铃、蹬技、口技等。此外，民间结合武术和体育表演的杂技，诸如飞叉、舞狮子、跳龙灯、流星、飞钹、高跷、杠子、中幡、花砖、花坛、石担、石锁等，至今流传极广，为广大群众所喜爱。

鸦片战争后，西方、日本的马戏团、魔术团纷至沓来，前往中国淘金。其先进的技术设备、新颖的节目与演出形式，对中国传统杂技产生很大冲击，促使中国艺人们在吸收外来技艺与演出形式的基础上，不断推动古老中华杂技走向近代化。但在二十世纪前期，由于国家动乱、社会动荡，艺人们被迫流落江湖，靠表演有损身心健康的"生吞五毒""活埋""滚钉板"等节目招徕观众，杂技艺术一落千丈。

新中国建立后，杂技艺术受到了国家高度重视。在继承和发扬民族传统的基础上，杂技不断吸收国际先进技巧和相关艺术的某些因素，逐步形成既富时代特色又充分体现民族风格的中国现代杂技艺术体系。1953年，中国杂技团正式建立。随后，在五六十年代推陈出新一批优秀节目，如小武术、耍花坛、古彩戏法、抖空竹、耍花盘、顶碗、车技、轻蹬技、双爬竿、钻地圈、飞天造型、排椅造型、软钢丝等。同时，还吸收了欧洲流行的高空、马戏、滑稽等节目。到八十年代，中国杂技艺术家们不仅在传统技术基础上创新了滚杯、转碟等项目，而且在国际流行的手技、车技、翻跟头、蹦床、跳板、空中飞人等技艺方面有突破性进展。中国杂技在表演中还注重将音乐、服装、音响、灯光、戏剧等诸多艺术因素有机结合为一体，使其具有丰富的民族文化内蕴和高度的艺术观赏性。

中国杂技在世界最高水平的法国"明日"和"未来"国际杂技节上，几乎包揽了历次大奖。正如著名杂技编导吉尔斯·克瑞斯所指出的那样："具有两千年发展史的中国杂技水平很高，除高空和驯兽节目外，西方国家马戏团无法企及这样的水平，只好在服装道具、音乐、美术方面下工夫，以鲜艳华丽的色彩和滑稽幽默的情节掩饰技巧之不足。"诚哉斯言。

孟尝君死里逃生的法宝

春秋战国时期，当时在中国辽阔的大地上出现了许多诸侯国，这些诸侯国在争强称霸的争斗中，都注意笼络人才，这些人才称门客，有的是出谋划策的谋士，有的是武艺高强的武士。

春秋战国时期很多杂技艺术的创造者是诸侯的门客和武士，他们以一技之长，投身公卿大夫，并不完全为了表演，但关键时刻，却往往以其技辅助主人，创造出一些轰轰烈烈的事业，诸士善技是春秋战国时期的特点。列国兼并激烈，群雄角逐，竞相养士，这些士中当然也有口把式，以出谋划策、能言善辩的说客为特征，但更多的是身怀奇技异巧或勇力过人的大力士。这些就为杂技艺术的正式形成提供了技术基础。

公元前298年，齐国公子孟尝君被秦王请到秦国软禁起来，孟尝君想逃脱，可是秦王看守太严没有办法逃脱，于是孟尝君只好向秦王宠幸的妃子求情。

但是派去向秦王宠幸的妃子求情的门客回来后说的话让孟尝君极其失望，他说："王妃说了，只要你送她一件白狐裘，她就向秦王求情放了我们。"

"什么？白狐裘仅有一件，而且我已经送给了秦王，再拿什么送给她啊？"孟尝君一声长叹。

"孟大人，你不要着急，我们再想想其他的办法。"门客都安慰孟尝君。

"有什么好办法啊，她出的这个难题这不是明明不想放我们走吗？"孟尝君越气愤门客越着急，越着急门客想办法解决问题的速度就越快。

"要不我们先将送给秦王的白狐裘偷出来送给王妃，让王妃向秦王求情放我们走，即使后来秦王发现自己的白狐裘不见了，那个时候我们已经回到齐国了，秦王又能把我们怎么样啊？"一个门客向孟尝君献计。

"在秦王那里偷东西犹如虎口拔牙，谁敢去啊！"孟尝君觉得这个办法似乎有些不妥。

"我去。"另外一个身材魁梧的门客站了出来。

孟尝君突然笑道："我怎么把你给忘记了呢？"

原来，这个门客练就了一套缩身之术，将自己的身体能够缩成很小，而且此人轻功也了得。

于是，孟尝君就让这位会缩身之术的门客前去秦王的寝宫偷白狐裘。这位门客从狗洞爬进了王宫，顺利地偷到了白狐裘然后原路返回。

孟尝君又派了一个能说会道的门客前去给王妃送白狐裘，王妃看到自己喜欢的白狐裘到手了高兴万分，赶紧去求秦王放了孟尝君他们。

王妃终于说动了秦王，同意放了孟尝君。

但是刚放走孟尝君秦王就反悔了，他觉得将孟尝君这样的人才放回齐国，那么日后必然是秦国的强敌。于是，秦王赶紧喊来部将，命令前去抓孟尝君。

其实，孟尝君也怕王妃一冲动拿出白狐裘，这不一切都暴露了吗？所以，被从秦宫放出来的时候，孟尝君就命令所有的人，必须快马加鞭，天亮前必须出秦国的国界，否则就会前功尽弃。

孟尝君率门客到达了秦国的边关，但是城门还没有开无法出城。秦国有规定，必须鸡鸣了才可以开城门，可是现在是半夜，怎么会有鸡鸣呢？稍等片刻都可能被秦王的人追上来，更别说等到早晨的鸡鸣了，此时，可谓危在旦夕。

此时，从门客中间走出一个人，擅长口技，于是，他伸长脖子学了几声鸡鸣，顿时引得周围村庄的鸡一齐鸣叫。守关的士兵以为天亮了开城门的时间到了，迷迷糊糊地打开了城门。

孟尝君顺利地出了城门，到秦王的追兵到达的时候，孟尝君已经回到了齐国。

汉武帝以百戏炫耀国威

汉代是中国杂技的形成和成长期，汉武帝刘彻是具有雄才大略的帝王，他特别喜欢杂技艺术。

为了夸扬国家的富庶广大，在元封三年（前108年）的春天，召集了许多外国来客，布置了酒池肉林，举行了盛大的宴会和赏赐典礼。

在宴会进行中，演出了空前盛大的杂技乐舞节目。节目中有各式角抵戏的表演，七盘和鱼龙曼衍，还有戏狮搏兽的驯兽节目。

突厥使者来到长安，看见有人手里举着车轮、石臼，把这些沉重而庞大的物件在手掌之上轻松舞弄；又有二人肩上扛着长长的竿子，竿上竟然有人轻盈而舞，腾越翻覆。

那些生长在大漠草原中的突厥人哪曾看到过如此新奇的玩意儿，一个个惊得目瞪口呆，恍然自己一步闯入了仙界，见到了传说中的神人。

场面盛大的演出，使四方来客大为惊叹，深服大汉帝国的广大和富强。

汉武帝对这样的效果非常满意，开始在宫中设立专门的教习之所。每年正月里，在长安和洛阳分别开辟戏场，吸引四方伎乐荟萃于此。朝廷不惜血本，花费亿万，堆砌珠翠金银，华服锦绣。而夷胡之人纷纷慕名而来，大开眼界。

这便达到了汉武帝夸示帝国昌盛富庶，吸引西域诸国结好汉室，共同对付强敌匈奴的外交政治目的。

轻薄刺史故意捉弄乐人

唐朝时期,有一个轻薄之人被新任命为某郡的刺史。当地的官员为了讨好这位新刺史,动员了该郡所有的老百姓列队欢迎,希望日后能够得到升官和发财的机会。为了迎接这位刺史上任,还特地组织了气势宏大的百戏活动,有吞刀吐火、吹竹按丝、走圆跳索、歌喉舞腰等,好不热闹。

这天,当地的官员和百姓盼星星盼月亮,这位新上任的刺史终于坐着八抬大轿来了,表演百戏的人更加卖力了,老百姓使出吃奶的劲儿喊着:"欢迎刺史大人,欢迎刺史大人。"

但是让人没有想到的是,这位新上任的刺史似乎根本不领情。听见鞭炮齐鸣,群众欢呼,他既没有停下轿子和群众打个招呼,也没有掀起轿子上面的帘子看看大家。好像轿子里面根本没有坐人似的,轿子直直地穿过人群,在刺史府大门口停住了。人们还以为刺史下了轿子与大家打招呼,出乎意料的是,刺史下了轿子,对眼前热闹的百戏却视而不见,一点兴致也没有,头也没有回地走进了府中。

官员扫兴,群众都窃窃私语:"这位新上任的刺史清峻孤傲,不易亲近啊!"

"新官上任三把火,肯定得给我们点厉害看看。"

"看这样子也不是什么好官。"

……

官员着急了,赶紧说:"散了,散了,都赶紧回家去吧!"

群众带着对新任刺史的埋怨声都陆陆续续回了家。

但是,没有想到,几天后的一个中午,太阳火辣辣的,吸一口空气感觉好像灌进了开水一般滚烫。

刺史登上城楼,大声喊道:"你们谁给我找些耍百戏的人来,我就给谁银子。"

群众一听，赶紧东奔西走寻找会耍百戏的人。一会儿来了一群人，吹拉弹唱者、吞刀走圆者、歌喉舞腰者全都到齐了。

刺史没有像别人那样让这些百戏之人同时表演，而是让他们逐个表演。可是当这些人表演的时候，刺史连看都不看一眼，而是只让表演两三下，刺史就喊着："出去，出去，下一个进来表演。"

下一个表演了两三下，又被赶了出去……

最后进来的是一个吹笙的人。

刺史懒洋洋地问："你拿的是什么乐器啊？"

"回大人，这个叫笙，可以吹奏。"说着，他就捧起笙吹了起来。

刺史摆手止住了他，说："你吹的时候，不要动手指，只管一味地吹就是了。"

于是，这个人站在门槛边，鼓起双腮替刺史吹了起来。从中午一直吹到傍晚，天色已晚，刺史才说："可以停下来了。"

刺史赏给他一杯酒说："你可以退下去啦。这么热的天，我哪里是要听什么笙啊，不过是让你为我吹风引风罢了。"

驯养

驯养的历史

帝王在后宫生活中，除了美人、乐伎、奇珍、异宝，还有不少的动物玩偶。这些动物玩偶有的很温驯，如猫、狗、奇鸟，带在身边，供随时观玩；有的则很凶猛，豢养在广大的宫禁苑囿之中，供狩猎之用，平常则作为奇禽异兽予以驯养。

性格刚猛尚武的皇帝，苑囿畜兽可以供其射猎，例如，汉武帝曾在上林苑自击熊羆、驰逐野兽，明武宗曾在宫内与猛虎格斗。然而大多数皇帝是赏玩各种动物，如宋徽宗在内苑畜兽，是为园林增添野趣，以助游兴。元代在北海万岁山（即琼华岛）畜养各类野兽，皇帝宴诸王公大臣的大聚会上有一个节目，就是将万岁山圈中的各类野兽放出，皇帝与王公大臣们遥观，以助酒兴。只见虎豹熊象之属一一出现，然后狮子到来，在众兽中并不以身材硕大取胜的狮子却镇住了所有动物，诸兽见了狮子，皆畏惧俯伏，不敢仰视。《辍耕录》的这条记载也许有些夸张，但上述野兽唯有狮子不产于我国，而是来自外域，人也要对它另眼看待。古人对于稀有动物看得很神秘、龙、獬豸、麒麟各负使命,狮子则据于宫门之前。直至清代康熙时,西洋才进贡狮子,康熙还令大臣观后咏诗。

唐武宗喜好豢养各类动物,早在他做颖王时,邸园已有许多动物玩偶,他将其中可人者列为十玩,绘十玩图,传播于世。十玩各有雅称:九皋处士——鹤、长鸣都尉——鸡、惺惺奴——猴、长耳公——驴、茸客——鹿、玄素先生——白鸥、灵寿子——龟、守门使——犬、鼠将——猫、辩哥——鹦鹉。唐昭宗避藩镇之乱逃往蜀地时,还有弄猴随驾。该猴能随班起居,昭宗赐以绯袍,称之为"供奉"。罗隐有诗:"何如学取孙供奉,一笑君王便著绯。"开元年间(713—741年),唐玄宗政事之暇,喜纵禽以自娱。在通往华清池的路上,长安父老们常能见到皇帝一路纵禽驰逐的情景。经安史之乱后,玄宗身心老却,步辇出行时,父老们问他何不纵禽,玄宗恻然:"我老了,还能玩鸟?"父老们闻之,莫不悲泣。

明宫中有百鸟房,鸟中最多的是鸽子。翊坤宫中设放鸽台,饲养精选的鸽子。当风日晴朗,以一两只系铃者领头,群鸽翔于紫禁城的上空。宫词赞道:"日霁风和试雪翰,盘空更上五云端。外边认是宫庭鸽,依约铃声揭处看。"

在明宫中最受宠的动物是猫。专设猫儿房,由宦官三四人精心饲养在御前有名分之猫。皇帝所钟爱的猫,牝者称为"某小厮",骗者称为"某老爹",有的封以职衔,叫"某管事"或直称"猫管事"。

明代皇帝养猫的初意,本是为了引发皇子的生机。然而猫儿房的众猫们出于本性,夜间争斗、嘶叫不休,宫中降生不久的婴儿有的被猫声惊得抽搐成疾,甚至因此而夭折。此事乳母、宦官又都不敢进言于皇帝,皇帝也未曾料到。

奇怪的是,明宫中不允许畜

皇宫的鹿、猴子与仙鹤

狗，其原因传说是与皇帝的姓氏有关。天启时有宦官潘某，私养小狗于殿之后街，因其阿附权贵太监，无人敢揭露此事。总观各代皇宫也少有狗走动。

北宋克复江南以后，也获得了一些象只，豢于后苑。元代宫中（顺帝时）有一只按照礼仪训导的象，能在皇帝宴饮群臣时，献上拜、舞之姿。"千官鹄立天颜霁，殿下徐牵舞象来。"

明代宫中的象只最多，也颇能参加政事活动。驯象机构有宫中的演象所和锦衣卫的驯象所，象初至京，先在演象所演习，锦衣卫专设指挥一员，提督驯象所。经驯象所教导出来的象，要在大朝会时出任角色，列入仪仗，有的驾辇或驮宝。间或三、五日举行的常朝，也须由六只象参加，某象如有疾病不能入朝，则由下一班某象暂代。象的头脑反应灵敏，丝毫不像身材那样笨重，如果入朝迟误，便知道该接受廷杖了，自行伏地受棰如数，然后起立谢恩。象平日获得的薪水数额，按照武弁的等次来定。如犯大过失贬降，则退立所贬之位，不再敢站到原来位置上。象们排列定序，出入缀行，与经过宫廷训练的人员没有什么差别。象很快就能学会用鼻子吹觱栗、击铜鼓，欲观此技艺的人到驯象所纳钱于象奴（管象人），象如教献技，但情绪并不愉快，有时斜视装钱满袋的象奴，而后昂鼻俯首，呜呜出声。在象房时，象也常常烦躁愤懑。发作起来，撤屋倒树，人畜遇之不免遭踏为肉泥之祸。

每年六月六日，宫廷照例晒书，宫中动物们也要浴洗更新。象只被牵到城外的水滨洗澡，一年只有一次这样的机会，群象在河中"因相交感，牝仰牡俯，一切如人，奸于波浪中。毕事精液浮出，腥秽因之涨腻"。居民要到远处汲水，十天以后河水始清。但有的史料否定了这一说。"游目极妙伎，清听厌宫商。主人寂无为，众宾进乐方。长筵坐戏客，斗鸡观闲房。群雄正翕赫，双翘自飞扬。挥羽邀清风，悍目发朱光。嘴落轻毛散，严距往往伤。长鸣入青云，扇翼独翱翔。愿蒙狸膏助，常得擅此场。"

蒙死在唐太宗怀中的鹞

唐朝的时候,长安城达官贵人们的爱好与如今颇有相似之处,如豢养宠物。但那时的人们对养猫养狗没什么兴趣,大都喜欢玩鸟。

唐代皇帝更是对鸟类多有偏爱,在闲殿使管理下的五坊中,鸟类就占了四坊:雕坊、鹘坊、鹞坊、鹰坊,另一坊为狗坊。

而在这四种宠物鸟中,鹞是最受欢迎的。鹞鸟的身形小于鹰而大于鸡,有鹰之尖喙却无鹰之凶猛,并没有什么侵略性,反而经过训练之后的鹞鸟还可以用喙来为主人梳头、挠痒痒,夏天酷热的夜晚还会站在床头用翅膀为主人打扇,如果主人恰好偏头痛犯了,这鸟还可以为你做头部穴位按摩,很有奇效。如此这般,家里养有鹞子的人们就等于同时拥有了梳子、老头乐、侍女和按摩师,这种人出门就非常有面子。因此当时的年轻人都梦想着拥有一只鹞鸟。

养鹞的费用却很可观。这种鸟长相威猛却"温良恭俭让",跟最奴颜卑膝的专业奴才都有一比,但寻常人家是养不起的。唐太宗就曾豢养了无数的鹞鸟,因为数量太多,就设立了一个官署——"鹞坊",鹞坊的坊主也得以享受很高的级别与待遇。

由此可以推断出唐太宗对鹞鸟的痴迷程度。这位历史上口碑最好的皇帝曾有一个很有趣的比喻:日子短得像是在玩鹞,总没个够。某天,坊主送来一只鹞鸟取悦圣上,这只鹞鸟不仅具有前言所述的优点,还会在人的手掌心跳"胡旋舞"(唐朝很盛行的一种舞蹈,后来安禄山与杨玉环曾跳过)。这令唐太宗很是高兴,几乎日日无鸟不欢。却有一日被魏征撞见了,于是便有了唐太宗养宠物的一次痛心经历。

那天,魏征老远就看到正在皇上手上转圈的鹞鸟,见他进来,李世民龙颜惶惧,连忙把那只正转得晕头转向的鸟揣在怀里，清了清嗓子，接见这位最难缠的谏官。

魏征假装不知，礼毕后就开始奏事。他乘机向太宗讲述古代帝王由于贪图安逸享乐、沉醉声色犬马而最终丧国灭身的事，劝谏"明君"当以此为戒。这应该是魏征一生中与皇上最长的一次谈话，说得喉咙干燥如十年不下雨的旱地，嘴角淌下的白沫沾满胡子仿佛初冬时的霜挂。虽然如此，魏征还是觉得很有成就感，因为他估摸着自己吐白沫之时，就是与皇上肌肤相亲的鹞鸟吐白沫的时候。

等魏征走后，唐太宗连忙把鹞鸟从怀里掏出来，却发现这只刚才还"疾如风焉"般跳"胡旋舞"的鹞鸟早已活活憋死了，气得唐太宗没办法。

其实养鹞子不过是养宠物鸟而已，魏征连这点小事也不放过，还用玩物丧志之类的话来教训唐太宗，今天看来魏征是不是太过分了？但我们仔细想一想，如果唐太宗一直尽兴玩鹞子养宠物，治国的精力也许就会受影响打折扣。魏征不放过，也要监督提醒一下，似乎又是很有必要的。

作为一国之君的唐太宗，虽拥有至高无上的权力，却也有自己既敬重又畏惧的人，那就是著名的"谏官"魏征。长期担任"谏议大夫"的魏征，是辅佐唐太宗实现贞观之治的主要谋臣，先后上谏二百余项，他常常劝谏唐太宗以亡隋为鉴，居安思危，行圣贤之治。魏征以忠耿直谏著称，唐太宗以善纳忠言名世，君臣默契配合，被传为千古佳话。历史上唐太宗就曾将魏征的"兼听则明，偏信则暗"作为座右铭，并留下"三镜自照"的形象比喻："以铜为镜，可以正衣冠；以古为镜，可以知兴替；以人为镜，可以明得失。"魏征比他早逝，他便哀叹："朕痛失一镜也！"

从此，李世民终生都不再玩鹞，并在那句比喻后又续了这样一句：日子长得像被魏征玩，总没个头。如此，又可以推断出，李世民是很怕魏征的。这一点可以说是该皇上最可爱的地方，能对臣子心生畏惧的皇上总比让臣民天天筛糠的皇上好上一些。

也正因为有唐太宗、魏征这样一批优秀人物，君者，能听取不同意见，从善如流，"戒十思疏"，天天警示自己；臣者，能以天下大事天下百姓利益为上，敢于提建议，不怕皇帝不高兴敢讲不同意见。君臣之间有了共同的目标、理想，才会有较好的民主气氛，才能察纳雅言，减少盲目和失误，使事业兴旺发达。因此才有中国封建制度下国泰民安的"贞观之治"。

一条狗救了宋仁宗的命

宋仁宗庆历年间，有人与皇宫卫士勾结打算谋害宋仁宗，篡位夺权。

这天夜里，这个卫士利用自己的身份穿过皇宫的道道防卫，来到了宋仁宗的寝室，拨开窗户的纸一看，宋仁宗正躺在床上睡觉，屋内再无其他人防卫。

于是他心中激动万分，翻窗而入，拔出利剑，一步步向宋仁宗的龙床靠近，就在快接近床的时候，突然，一只很小的狗从龙床下蹿了出来，一边叫着，一边上前撕咬住这个要刺杀宋仁宗的卫士。

这个卫士想踢开这只狗，但这只狗就是不松口。此时，宋仁宗被狗的叫声惊醒，一看不妙，话说此时慢那时快，宋仁宗连声大喊："来人哪！来人哪！抓刺客！抓刺客！"

在外面守卫的士兵冲进来，很快将这个卫士捉拿住。

此后，宋仁宗对这只狗十分宠爱，但是那晚的事情他每每回想起来仍心有余悸。

这天，早朝的时候宋仁宗问大臣："众爱卿想想，如何才可以使得朕的寝宫更加安全。"

有大臣建议："皇上，在您的寝宫周围增加更多的防卫。"

宋仁宗问道："那晚的防卫难道还少吗？他不是依然进来了吗？要不是这只狗，什么后果你们可以想得到的。"

那位大臣沉默了。

此时，大臣宋禧建言道："我觉得人的忠臣还不如狗的忠臣，为何不在皇上的寝宫周围，甚至整个皇宫饲养更多的狗呢？"

宋仁宗一听大悦，其实他也这么想，不过他怕自己提出来遭到大臣的反对，于是笑道："这个方法不错。"

那位建议加强防卫的大臣也赶紧说："我觉得养狗是

个办法,但关键是养什么狗,谁来饲养。狗不是人,未必听话,随便到处乱跑咬伤人怎么办?"

宋仁宗问宋禧:"宋爱卿你还有更好的办法吗?"

宋禧说:"蜀地有一种罗江狗,赤而尾小,机警如神,请将这种狗养于掖庭。"

宋仁宗说:"好,就按照你说的来办。"

于是,整个皇宫驯养了大批的罗江狗。宋禧却因此被同僚讥笑为"宋罗江"。

杨玮诤言相劝触怒武宗

在中国帝王生活史中，每个皇帝都驯养自己喜欢的小动物来消闲取乐，比如有的喜欢猫，有的喜欢狗，还有的喜欢鹦鹉。甚至有的帝王喜欢这些小动物到了如痴如醉的地步，可以为了这些小动物不理朝政，可以为了这些小动物或欢笑或哭泣，甚至许多大臣好言相劝，却落得个罪名，或被降职，甚至砍头。

到了明代，皇帝的爱好似乎有增无减。

明代的皇帝明武宗喜爱画眉鸟，尤其喜欢画眉的尖叫声，百听不厌，在朝堂上遇见烦心的事情，只要一听画眉的叫声，什么忧愁烦恼都统统抛到了九霄云外。

这天，退朝之后，有位爱拍马屁的官员，求见明武宗说有重要的事情禀奏。

明武宗问他："有什么要紧的事情赶紧说吧！"

官员反问道："皇上，您知道用什么饲养画眉能够使得它的声音更加奇妙、更加长久吗？"

明武宗一听这个世界上还有如此好的方法，便赶紧问："什么东西，赶紧说来听听。"

官员道："用刚新出壳的小鹅的脑袋来喂养画眉，这样才可以使得画眉的叫声更巧而且长久。"

明武宗一听高兴了，赶紧说："这个方法真的管用？"

官员道："臣不敢欺骗皇上。"

明武宗命令道："你赶紧给我弄些小鹅的脑袋来。"

这位官员道："这件事应该由专门的人来负责，因为喂养这些画眉是长久之事，非一朝一夕的事。"

"依你看来，谁能够负责这件事呢？"

"臣觉得这个小小的任务交给光禄寺来完成即可。"据说这位官员与光禄寺的杨玮有些恩怨。

明武宗为了能够听到更加奇妙更加长久的画眉叫声，赶紧命人召见光禄少卿杨玮。

杨玮赶紧前来拜见明武宗。明武宗一看见杨玮便说："朕命令你以后每日送十只刚出壳的小鹅来。"

杨玮不明白，便问："臣不知，要这些小鹅有何用处。"

明武宗笑道："听说用刚出壳的小鹅的脑袋喂养画眉，这样会使得画眉的叫声更加奇妙而且叫声更加长久。"

杨玮一听皇上让送小鹅竟然是为了画眉，非常生气，便劝道："天下的老百姓都没有粮食吃了，哪里找得到这么多的小鹅呢？而且将这些小小的生命杀死，是不是有些违背道义？"

明武宗一听大怒："大胆杨玮，你竟敢抗命！"

杨玮跪下道："不是臣抗命，而是这样的事臣不能够去做，请皇上处罚臣吧！"

"好，贬你到沪州做知府，今后不得回朝。"

杨玮跪谢明武宗，然后退去，去了沪州。